Paul

dans les pas du père

DU MÊME AUTEUR

Jeanne de Jobourg, paroles d'une paysanne du Cotentin, Cheminements (2001)
Jean de la mer, paroles d'un Mathieu Sala du Cotentin, Cheminements (2002)
La Hague, embruns de mémoires, Cheminements (2002)
La Petite Misère, Cheminements (2004)
Cotentin, embruns de guerre, Cheminements (2005)
Du temps de Papa, Cheminements (2006)
L'Enfant Loup de Blanche, Cheminements (2007)

Catherine École-Boivin

Paul
dans les pas du père

D'après les mémoires de Paul Bedel,
agriculteur de la pointe de la Hague

écrits

Editions OUEST-FRANCE

Photo de couverture

www.editionsouestfrance.fr

Cet été 2006, je montais la vallée de Vauville avec mon fils de treize ans. Nous rentrions d'une promenade aux Pierres Pouquelées. La bruyère s'agitait en tous sens, dansait dans le soleil couchant, lançant ses éclats violets telles de petites mains battant de joie. Maxence me regardait avec conviction et d'un sourire m'a affirmé :

– Maman, un jour je viendrai habiter ici, je serai médecin, je ne quitterai plus ce pays que tu aimes et que tu écris.

Maxence, en aimant la Hague à laquelle tu appartiens, ta maman te dédie, avec tout son cœur d'amour, le livre de Paul.

Je dédie également ce livre à un ami, Gilles Bourdet, de Brix (Manche), ingénieur, décédé d'un cancer en avril 2005, un jour de pleine lumière et de grand soleil.

Paul dédie ce livre à ses parents et ses frères et sœurs mais aussi aux jeunes gens et jeunes filles qui cultiveront et aimeront la terre dans ses pas.

AVANT-PROPOS

L'inquiétant voyage commence à certains instants, où dans le miroir de l'autre jadis aimé, soudain méconnu ou pire devenu ennemi, on n'observe plus qu'un pâle reflet de nous-même. Nous sommes faits de rencontres, de bonheurs, de mensonges, de dangers, de destins et de tragédies. Au creux de nos mains, on regarde notre ligne d'amour fauchée, écrêtée en pleine ascension, maintes fois réajustée, maintes fois reprise. La paume s'affine puis s'évide, pourtant, malgré les coups et les coupes sombres, ce sillon s'adapte, il continue sa route et rejoint sa destinée. Pour respirer, on lève les yeux sur une silhouette, on la regarde, on l'espère sans qu'elle nous remarque, les choses profondes sont toujours cachées. Les choses de la vie et de l'amour sommeillent en nous, lointains cheminements certes, mais dont leurs ombres affleurent nos rêves. Notre grand chemin, nous le parcourons presque toujours sans enlever les cailloux de nos chaussures, gravillons de temps, graviers d'abandons. Nous tâtonnons en cherchant dans l'artifice du matériel notre puissance. Nous achetons à brouette en oubliant de récolter le sourire de l'amour. Il suffit d'une rencontre, d'une conversation avec un homme comme Paul Bedel pour espérer changer le cours de notre raisonnement.

À la manière des plus grands livres, des plus grands films, Paul écrit sans le savoir, en accueillant chez lui ses admirateurs (3 000 tasses de café offertes à l'été 2007), notre plus beau roman, notre meilleur avenir, notre plus belle aventure.

Lorsque quelqu'un frappe chez lui et ses sœurs, il prend son cahier d'écolier, son livre d'or, s'avance en riant vers son armoire normande cachetée d'où il ressort deux boîtes de bonbons rondes et longues. L'une contient des gommes aux fruits « pour les vieux qui ont des dentiers comme lui, pour qu'ils ne se pètent pas les dents », et l'autre des bonbons durs acidulés pour les plus jeunes ; il les glisse sous ses bras. Avec ravissement il avance vers ces inconnus, ils inscriront leurs noms et leurs adresses, une empreinte de leur passage sur ses pages, « il fournit même le crayon ». Certains inconnus déposent dans cette charmante maison leurs soucis et leurs questionnements et repartent le plus souvent avec des réponses : comment éviter la pluie, se mettre à l'abri, sans trop se mouiller ? Paul, naturel et spontané, se garde un petit endroit où le mystère se pelote et protège ses choix de vie. Il sait mais ne sait pas qu'il sait, il tient sous sa casquette des secrets qu'il dévoile et distille sans toujours s'en rendre compte. Le visage offert aux ondées de grêle, ces anonymes étrangers viennent apprendre à se glisser entre les gouttes ou les grêlons. Ce petit paysan « sait ce qu'il ne sait pas », en fait il est grand et, contrairement à nous, il ne craint pas la pluie. Le temps pour lui n'est jamais perdu, éviter les averses semble peine perdue ; trouver un sens à notre existence, oser tendre le visage vers l'eau du ciel, séduire notre propre vie apparaît à l'écouter plus raisonnable.

J'ai rencontré Paul, il m'a autorisée à raconter sa vie et sa philosophie, depuis, quelque chose en moi a changé, il m'a transmis son humanité et sa bonté, sa force, sa résistance. Paul a remusclé ma foi en Dieu, et dans la résonance de ses mots j'ai de nouveau appris, car je l'avais oublié, qu'une simple fleur peut me sauver la vie. Je fais maintenant partie des passionnés de ce « bienheureux dans sa cathédrale de verdure », en écoutant ses confidences parfois très intimes, j'ai moi aussi, comme ses visiteurs d'un instant, reçu mes réponses. Je suis entrée chez Paul en invitée et j'ai reçu en cadeau un « sentiment de Dieu » très fort, comme lorsque vous ne croyez plus en l'amour ou à la vie, comme lorsque vous priez, priez et que soudain, sous un ciel fané, un carreau de bleu s'ouvre de nouveau. À l'écouter, j'ai frissonné d'hébétude, ses paroles et son raisonnement sont évidents et liquides, lisses comme une feuille de papier velouté. Paul vit de fer et de bois, d'herbe et d'eau, Paul est harmonie, son sourire m'enchante, son humour si plein d'esprit me surprend à chaque fois que nous avons une conversation. Paul est bienheureux, ni saint, ni prêtre, ni moine, non, simplement heureux d'être bien. Bientôt, je poserai mon stylo et remettrai à mon éditeur son manuscrit, son héritage, son témoignage, et je regarderai de nouveau avec confiance la paume de mes mains, ma ligne de vie, ma ligne d'amour.

Paul, je te remercie infiniment pour nos grandes conversations, notre tissage de mots, notre beau pull échafaudé à partir de nos origines haguaises communes. Moi, descendante de Guillaume le Conquérant par « la petite porte », par ma mère d'origine paysanne, et descendante des seigneurs de Mary et d'un secrétaire de mairie ayant des ancêtres gardiens de phare et contrebandiers, et toi, « l'homme du bout » comme tu aimes à te définir. Nos pas, je l'espère grâce à ton livre, résonneront longtemps dans les étroits sentiers des douaniers, sentiers « que l'on parcourt tranquillement le temps d'un homme » ; près de toi j'ai approché le pouls de l'univers. Moi, la jeune femme de quarante ans, et toi, le vieil homme ayant appris le monde en écoutant le raz Blanchard, courant violent rôdant tout le long de la presqu'île de la Hague. Nous avons rédigé ensemble ton héritage, ton message, la transmission de ton savoir, le partage des petites et des grandes expériences de ta vie, parce que nous le savons tous deux, l'avenir appartient à la jeunesse donc à l'avenir du monde.

Avec une pensée pour :

Vos enfants et mes enfants, vos résonances, mes résonances, Astrid dix-huit ans, Marie-Alix seize ans, et mes jumeaux de quatorze ans François-Xavier et Maxence.

Et des remerciements particuliers pour :

Didier Decoin.

Françoise et Marie-Jeanne Bedel, les sœurs de Paul.

Anne Boivin.
Jeanine Corbin pour sa traduction en patois écrit.

Mes lecteurs peuvent m'écrire : cathcotentine@yahoo.fr.

« Nous nous faisons beaucoup de tort les uns aux autres et puis un jour nous mourrons. »

Christian Bobin

PRÉFACE

par Didier Decoin, *de l'Académie Goncourt*

Mon existence n'a pas été sans peine,
mais elle s'est écoulée du moins sans regrets,
et surtout sans remords, ce qui n'est pas peu de chose !
Eugène Le Roy (*Jacquou le croquant*)

D'abord, et ce d'abord a duré des années, on allait chez Paul pour son beurre.

Chez Paul, c'est une petite maison fermière d'Auderville, dernier village du cap de la Hague, de la pointe, comme on dit par ici. Une maison grise qui fait le gros dos au suroît, bien enracinée dans son granit. Et le beurre, son beurre, c'était du moulé à la main, un beurre de haute saveur, riche, odorant, doré comme miel et pain frais, ce genre de beurre propre à déchaîner l'hypocondrie des commissaires européens – pensez donc ! du *vrai* beurre né d'une *vraie* crème fouettée dans une *vraie* baratte au fond d'une *vraie* laiterie dans un village d'un *vrai* bout du monde…

Paul, quand on ne le trouvait pas chez lui, c'est qu'il était à ses champs, à ses bêtes, ou à l'église dont il est le sacristain. Il n'y a jamais eu à le chercher bien loin : son territoire, son fief, son royaume, n'avait que quelques arpents d'horizon.

Aujourd'hui, Paul Bedel ne baratte plus, il a vendu ses vaches, même s'il a laissé ses clos.

Et alors, stupéfaction : dans le même temps qu'il prenait, à soixante-quinze ans et des poussières d'éternité, sa retraite de cultivateur, le voilà tout soudain répertorié, comme une star ou presque, sur les plus prestigieux sites du Web consacrés aux célébrités du cinéma ; il figure même sur une page dédiée aux écologistes ayant bien mérité de la planète Terre, à côté d'Al Gore, l'ex-quarante-cinquième vice-président des États-Unis et l'imprécateur de service du film de David Guggenheim, *Une vérité qui dérange*.

Ce n'est évidemment pas Paul qui a changé. Mais n'importe : propulsé au rang de dernier vivant (ou peu s'en faut) d'une certaine paysannerie française en voie de disparition, il doit à présent se prêter aux rituels de la célébrité.

Entre le Paul Bedel du beurre d'or et des dahlias et le Paul Bedel des sites cinéphiliques, il y a désormais la différence d'un regard – celui qu'a porté sur lui Rémi Mauger dont le film documentaire *Paul dans sa vie*, tourné au fil de toute une année sur des images (admirables) de Guy Milledrogues, s'est payé le luxe inouï, à Cherbourg en tout cas, de faire plus d'entrées que Tom Cruise dans *Mission impossible*...

Ce dont, bien sûr, Paul ne s'offusque ni ne se glorifie : il en rit – de bon cœur comme tout ce qu'il fait.

Mais que ce beau film (*Paul dans sa vie*, pas *Mission impossible*...) ne vous fasse pas prendre des vessies pour des lanternes : Paul Bedel n'est pas un « cas », il ne sort pas d'un tableau de Millet (le Millet de *L'Angélus*, un Haguais lui aussi), et moins encore d'une image d'Épinal.

Paul Bedel est un homme, un homme pur et tendre comme son beurre, mais un homme vrai – je sais, j'ai déjà employé ce terme, mais vous allez constater au fil des pages qu'il est incontournable, que le mot *vrai* et ses synonymes : *franc, loyal, sincère*, sont décidément et absolument le leitmotiv de ce livre.

Et c'est tout aussi décidément cette humanité-là que Catherine École-Boivin, avec sa propre délicatesse, est allée quêter, glaner, effruiter, moissonner, pour nous la partager.

Pour l'avoir un peu pratiqué comme auteur, et beaucoup comme lecteur (notre Académie Goncourt décerne tous les ans, en plus du Prix Goncourt, une Bourse de la Biographie dont la sélection implique la lecture de dizaines et de dizaines de biographies), je peux affirmer que restituer une vie est un genre littéraire particulièrement ardu. Certes, le biographe n'est pas contraint à l'effort d'imagination : il est le metteur en mots des destins, pas leur auteur. Sa vertu première est la fidélité à un vécu qui n'est pas le sien, à des vies qu'il ne s'approprie que le temps de leur faire passer la ligne de démarcation qui sépare l'oubli de la survivance.

Mais chaque existence arrachée à l'amnésie a sa forme et sa couleur, et tout l'art difficile de la biographie – comme d'ailleurs du portrait – est de trouver le trait et les teintes spécifiques qui en rendront le plus juste compte. Et l'exercice se complique encore (n'est-ce pas, Catherine ?) quand le biographe doit, comme ce fut le cas ici, non plus seulement accorder son écriture à une vibration, mais la prêter, tout intime qu'elle soit, pour suppléer aux pudeurs de celui-qu'on-écoute et dont il s'agit de faire, malgré quelquefois ses silences, celui-qui-parle.

Pour Catherine École-Boivin, cela aura supposé savoir se taire, s'oublier, s'effacer pour laisser scintiller le récit si simple et si beau que Paul Bedel donne (je crois que le verbe *donner* dit mieux sa démarche que le verbe *faire*) de ce que fut sa vie.

Et voilà que leur livre, à Catherine et à Paul, me fait songer aux promenades que j'ai faites à travers la Hague, au fil des chasses et des grèves, sur des chemins encaissés, bordés de hauts talus à fougères : soudain, au détour de l'un ou de l'autre, surgit une petite merveille qui vous laisse tout *égalué* (ébloui, en patois d'ici) : ce sera une maisonnette enfouie, disloquée peut-être mais d'une harmonie parfaite (même chez Walt Disney, je vous jure, ils n'en ont jamais dessiné d'aussi douces !), ou une dévalée de bruyères courant la colline telle une coulée de lave fraîche et mauve, ou l'attirail feu et cuivre, et vernissé de pommes, d'un des derniers bouilleurs de cru au coin d'une venelle, ou l'échappée du regard sur la mer ; et dans le cours tranquille de la vie de Paul, ce seront ces quelques aveux d'une histoire d'amour manquée, ou cette confidence, qui n'est pas rien quand elle est portée par quelqu'un d'aussi authentique que lui, à propos d'une presque « rencontre du troisième type », et ce seront encore des vérités dont Paul, avec ce même talent pour l'alchimie des mots qu'il en eut pour l'alchimie du beurre, fait des éclats poétiques : *J'ai l'instinct de la soupe*, confie-t-il pour exprimer qu'il sait l'heure sans avoir besoin de recourir à la montre, ou des éclats de mystère quand il avoue : *Je joue avec les anges invisibles*, ou des éclats de sagesse : *L'école ne répond pas à tout : elle décrit les vies passées, mais elle omet les avenirs* – phrase que l'on devrait obliger tout ministre de l'Éducation nationale à apprendre par cœur.

Paul Bedel fut, à sa manière, paysan comme Jacques Prévert (qui vécut longtemps à Omonville-la-Petite, un village tout proche) fut poète : tous les deux pratiquant la même exigence de limpidité et de simplicité.

Aujourd'hui, devenu témoin, mémorialiste, narrateur, Paul n'en continue pas moins d'appartenir au gris, au bleu, au vent, aux champs encadrés de murets de pierres sèches, il traverse le temps et les paysages aussi courbé (crochu, dit-il) que les tamaris sculptés par les rafales, qu'on appelle ici à tort des tamarins, nom d'un grand arbre des îles de l'océan Indien, alors qu'ils sont plutôt comme des coraux fragiles.

Paul est intelligent et digne. Il croit à la grandeur, à la valeur éminente des choses de la terre. Des choses des bêtes. Des choses de l'homme. Et des choses de Dieu.

Ce livre est son miroir.

Paul Bedel ne signe ni « son » film (il en laisse la paternité à Rémi Mauger), ni « son » livre (Catherine École-Boivin en a la pleine maternité, qu'elle assume avec cet ensemble de douceur et de force qui s'appelle le talent).

Mais à défaut d'être un signataire, Paul Bedel est sans doute bien davantage : il est un signe.

LA VIE DE PAUL

Été 2006, le film de Rémi Mauger, *Paul dans sa vie*, passe sur les écrans depuis mai et cela dans la France entière. Dans la Hague où est tourné le film, région de gris et de tempêtes, où parcimonieusement de grands sourires d'été ensoleillés caressent la terre, on ne parle « que de ça ». Ça, c'est le phénomène Paul Bedel, le héros du film, silhouette courbée sous le vent et le temps, caché par sa botte de foin enfourchée sur son dos, avançant dans sa commune dont les terres morcelées en de multiples carrés de petits « clos » s'enchâssent littéralement dans des murets de pierres et se confondent parfois avec l'océan. Tapis de champs, tapis d'embruns, tapis de grèves, où tout se mélange, les hommes et l'or des paysages. Ici on sonde la terre et on récolte la mer, la mer nous récolte et la terre nous *supe*, nous aspire un jour, à l'heure d'un dernier éclat d'hiver, risée d'automne, rosée de printemps à l'aube d'un jour, à l'aurore d'une éternité. Paul est le héros du film, la Hague son héroïne, tous deux ne font qu'un. Je regarde le film sur France 3 avant qu'il ne passe sur la Toile, je l'enregistre, je me demande comme tant d'autres : mais qui est Paul ? Qui est Paul dans sa vie d'avant, dans sa vie d'autrefois et de maintenant ? Pourquoi n'est-il pas marié ? Pourquoi n'est-il pas prêtre ? Pourquoi cette apparente résistance au progrès ?

J'écris depuis cinq ans, des livres de vie, des histoires « vraies », les paysages humains du Cotentin, où les humbles se racontent, déposent leurs derniers souvenirs, leurs dernières colères, leurs chagrins et leurs bonheurs. On me décrit comme une glaneuse d'histoires, une défricheuse de mémoires. On me confie des fragments, des embruns de vie : *Jeanne de Jobourg*, *Jean de la mer*, *La Petite Misère*, *L'Enfant Loup de Blanche* ; je publie également des livres d'images, des feuilles parsemées de photographies de fonds de tiroirs légendées par ceux qui s'y reconnaissent. Je dépoussière les dires, les ombres, les non-dits, les secrets, en tentant d'honorer l'antan, les passés tricotés de dentelles ou de larmes. Intimidée par la pression médiatique du film et son succès, je n'ose pas aller vers Paul pour lui demander de me révéler sa vie et écrire sa vie d'avant le film. Un jour de dédicace, au mois d'août 2006, je vois venir vers moi mon père et un petit homme crochu à la gapette vissée sur la tête, il me sourit : c'est Paul ! Il m'embrasse et me tutoie, je suis « la fille de Jean et de Nicole », je suis une petiote de la Hague. Une nuée de personnes s'approchent de lui, il ne peut plus m'atteindre, il attend, salue poliment puis me revient. Sur la table près de moi : mes livres. Paul prend dans sa main mon *Jeanne de Jobourg* et en caresse la tranche. Il me sourit, tout heureux de me connaître enfin et me félicite pour mon travail ; soudain d'un impalpable sourire tellement singulier, il déclare :

– Si on écrit quelque chose, je veux bien que ce soit toi.

Nous prenons rendez-vous pour le lundi suivant, le matin, parce qu'il y a moins de visites chez Paul le matin. Durant plusieurs jours je vais l'enregistrer, enthousiaste il tape parfois trop fort sur la table, mon micro fait des bonds :

– T'es redoutable, tu m'épluches comme un crabe ! Bon sang qu't'es bavarde, comme moi ! Tu vas loin !

Et tout heureux de me dévoiler encore son intimité, c'est le jeu, parfois il se tait, je dois aller chercher en profondeur le *fonds* de sa pensée. Parfois nos deux mains se joignent :

– Tu me fais voir des choses auxquelles je n'avais pas pensé, avec toi, Catherine, je me repose.

Parfois encore, en évoquant nos mamans toutes deux décédées, nous pleurons d'*émotion*. Peu à peu ses sœurs m'acceptent et m'accueillent, je ne devrai plus frapper à la porte mais entrer directement ! Nos conversations sont perturbées par des coups de téléphone de journalistes (il me donne l'écouteur de son vieux téléphone à cadran rond), d'admirateurs et de visiteurs et il lève son pouce tout en riant lorsqu'il raccroche satisfait de lui. Je reviens pendant les vacances de la Toussaint, j'ai un peu travaillé, Paul aime le texte. Nos sourires sont plus intenses, plus intimes, je suis celle qui écrit, celle qui permettra de transmettre sa pensée, car il n'a pas eu d'enfant, son livre sera son testament pour les générations futures, pour que peut-être « ce qu'a été sa vie ne soit pas oublié ». Paul va bousculer ma foi, au travers de ses dires, soudain le matériel me glisse entre les mains, je sens monter en moi un sentiment de Dieu. Oui un sentiment de Dieu, je suis croyante, pratiquante occasionnelle, mais après chaque visite je ressens Dieu partout. Nous choisissons pour cette raison un titre pour son livre, *Paul, dans les pas du père*, son père et Dieu le Père. Ce livre est avant tout un grand moment d'amitié, de sagesse et de sérénité, une aventure de terre paysanne, un poème d'amour au son d'un grand courant le « raz Blanchard ». Nous le relisons tous deux cet été 2007, Paul vient d'être invité par Nicolas Sarkozy dans la tribune officielle du 14 Juillet, il déjeune dans les jardins de l'Élysée, il cherche, au milieu des bouteilles de vin de tous les pays d'Europe, « du cidre » qu'il ne trouve pas. Il opte finalement pour un vin portugais et du champagne rosé. Chaque pas de son enfance l'amenait donc jusqu'à Paris, chaque pas dans ces morceaux de campagne le guidait jusqu'au plus grand, lui, le tout petit, le frêle et chétif enfant, s'est assis parmi les puissants. Le président passe près de lui, à vingt mètres, mais il n'a pas le temps de le reconnaître. Pendant la photographie avec notre Premier ministre, François Fillon, et Michel Barnier, ministre de l'Agriculture, Paul baisse son visage, il ne veut pas que l'on s'aperçoive qu'il est profondément ému, trouble d'une vie, trouble d'une minute, puis il repart pour d'autres rencontres, des Croates, un résistant, une femme du Limousin, « une Limousine », le reconnaît, le sourire lui revient :

– À force de rencontrer du monde, je vais bien finir par me marier !

Paul est vrai, entier comme la crème et le beurre fabriqués avec soin par ses sœurs et lui suivant le modèle de ses aïeux. Authentique, il garde toutefois, au travers d'un regard malicieux, un peu de mystère, même si dans ce livre il se dévoile un peu. Comme l'endroit où il cache ses trous à homards, sa vie n'est ni une charade, ni un rébus, ni du cinéma. Mais sa pensée et ses façons de cultiver sa terre comme un grand puzzle semblent, à l'heure où les journaux nous martèlent dans leurs gros titres que « manger va coûter de plus en plus cher », une vérité, une évidence, une respiration.

MANQUE DE POT
C'EST PAUL QU'EST ARRIVÉ

Depuis le lieu-dit La Maladrerie, où furent transportés les morts d'une épidémie de peste qui décima au XVIe siècle les habitants de la commune isolée d'Auderville, au bout du département de la Manche, Louis Bedel entend grand-mère Bedel l'appeler :

– *Vyins-t-en ichin byin vite Louis, ch'est pour byintôt !*

(Viens vite Louis, c'est pour bientôt !)

Une brume légère abrite le soleil de mars emmitouflant fraîchement la nature. L'homme marche tranquillement comme à son habitude, sans hâte, la main sur sa corne de bœuf, sa pierre à aiguiser y trempe dans de l'eau vinaigrée, ainsi elle ne graisse pas. Léger, de taille normale, il avance résolument. Le mouvement de son corps énergique semble ne jamais s'arrêter, comme continuellement envahi par l'usage de ses outils de paysan. Sa physionomie secrète cache des mystères insondables. Son air grave, sérieux, s'adoucit parfois d'un sourire amer ; des rides d'effort alors sillonnent ses joues. Il estime d'un coup d'œil le nombre d'heures de travail lui restant à faire. Il regrette un peu cette pause obligatoire mais programmée depuis le matin : ils vont, lui et Jeanne, avoir un deuxième enfant. Louis Bedel, trente-trois ans, est rentré de la guerre de 14-18 avec trois morceaux de doigts en moins à une main, et ses blessures semblent lui ôter le goût de l'amusement. Posé et réservé, ce n'est pas dans ses jurons que l'on peut apprendre le nom de Dieu. Attaché naturellement à la terre tout autant qu'à sa famille, ancré à la presqu'île de la Hague, il unit viscéralement les deux entités dans un même culte. Son devoir d'homme : cultiver ses champs, croire en Dieu, aimer et respecter son épouse, élever ses enfants, marque intensément son visage. Il reproduit la gravité des fragiles et sensibles paysages, pensées humaines peintes par Jean-François Millet, enfant du pays né à Gréville, tout près d'ici.

Il laboure sa terre nourricière avec amour, sans le regret d'une autre destinée. Déjà, Louis se méfie de l'industrialisation galopante s'insinuant dans les foyers par le biais d'objets fabriqués en série. Ces objets provoquent selon lui un abrutissement au matériel, tuant d'un même coup la joie du travail. Il prévient ceux qui se laissent tenter par la laideur et la banalité :

– *Eun jouo no couoch'ra touos dauns l'même lyit, dauns l'même boués, les mêmes meublles.*

(Un jour nous coucherons tous dans le même lit, dans le même bois, les mêmes meubles.)

Il craint la disparition des artisans, de leurs ouvrages façonnés avec patience et amour. Tenant son paletot sur un bras, le père Bedel avance en claquant ses sabots, ses pas retentissent dans les chemins creux en rejoignant la maisonnée de granit tapie entre l'église, les champs aux haies de pierres et « l'océan de Goury ». Il passe la barrière et se baisse pour entrer par la petite porte de la cuisine. Déjà, là-haut, on entend le vagissement d'un nouveau-né. Son second fils vient de naître ce 15 mars 1930. Auguste, son premier, a déjà cinq ans. Sa femme dans son lit est déçue – cela se remarque à peine –, il n'ose pas la regarder. Il la connaît mieux que quiconque : elle désirait une fille, vu le nombre d'années qu'ils ont attendu cette nouvelle naissance, elle craint désormais de ne pas avoir d'autres enfants. En guise de fille, « manque de pot, c'est Paul qu'est arrivé ». En attendant la naissance sept ans plus tard de Françoise, puis de Marie-Jeanne en 1943 et de Robert en 1947, Jeanne fait de Paul une demoiselle. Dans la cuisine, vêtu d'une robe de lin, les fesses protégées seulement par un carré du même fil jusqu'à un certain âge, il esquisse ses premiers pas, ses premiers gestes, ses premiers apprentissages. L'enfant ne possède rien de bien solide, il chute en arrière sur le dos au lieu d'avancer : la marche lui vient à un peu plus de seize mois. À aller trop vite, on finit toujours par se casser la figure ! Une fois la marche acquise, il passe de vraies culottes et conquiert le droit de sortir dehors. Vivent près d'eux, dans la cour de leur ferme, d'autres familles : des mamans poules couvent les œufs, des canes se dandinent, leurs canetons dansent derrière elles, des lapines à l'œil fixe réchauffent leurs bébés sans poil. Les poussins jaunes se laissent attraper par ses petites mains maladroites. Gare à Paul s'il en attrape un trop précipitamment, sa maman le gronde :

– Si no t'halait sus eune ale coume chenna, t 'en errais l'bras brésilli, r'mets là bas !

(Si on te tirait une aile comme cela, tu en aurais le bras tout déchiré, repose-la-moi tout de suite cette pauvre bête !)

Tout embêté, il remet par terre le malheureux poussinet tout piaillant. S'affalant dans les trous, longeant les pierres, cahin-caha, avec une grande énergie et de minuscules pattes, il atteint la boule de plumes rassurante et familière de sa mère. La poule semble savoir compter, elle bouge la tête de gauche à droite, telle une institutrice évaluant les élèves dans son rang. Pour passer le temps, il ramasse les duvets doux accrochés aux pointes saillantes de terre sèche et les entasse dans la poche de son tablier taillé dans du gros drap. Il rejoint sa mère au jardin, elle cueille, courbée, les légumes pour la soupe du soir. Là-haut, sur un monticule de terre, il se tient bien droit et jette les plumes une à une vers le milieu du jardin. Elles s'accrochent à des endroits inédits, il vise le bon courant du vent qui amènera l'une d'entre elles dans les cheveux de sa maman. Jeanne ramasse ses légumes en soufflant fort, effectuant ses gestes rapidement. Après avoir déplié ses reins en se les tenant à deux mains, la femme se relève en basculant son bassin vers l'avant. Puis elle le rejoint et prend parfois le temps de le regarder jouer. Paul creuse de longs tunnels dans lesquels il introduit quelques coccinelles et observe leur façon de faire pour retrouver leur chemin. Mais le plus passionnant dans cette improbable car inégalable échoppe de jeux qu'est la nature reste les fourmis. Un petit morceau de pain, une goutte de miel et les voici toutes agitées, comme les citadins arrivant à la campagne pour les vacances. Elles sortent de leur trou et s'agitent toutes en même temps, à la queue leu leu pour dénicher à manger.

Il est l'heure de rentrer :

– Allez Paul, vyins-t'en, les légueumes cha n'épIluque paé seu. Fâot rentraer achteu !

(Allez Paul, les légumes ne s'éplucheront pas seuls, viens maintenant !)

Jeanne porte le panier d'osier d'un côté et tient son fils par la main de l'autre. Elle renverse le panier sur la table et lui apporte son petit couteau. Elle épluche trois pommes de terre lorsqu'il en attaque une ! L'âge d'homme commence selon lui lorsqu'on va aussi vite et bien que les adultes, il s'applique déjà. Il apporte la bassine d'eau froide puis les rince en les faisant tourner sur elles-mêmes dans un joli bruit d'eau claire. Madame Bedel découpe ensuite les poireaux, les carottes et les choux. Les oignons la font pleurer, elle s'essuie les yeux avec son tablier en se cachant un peu. Même s'ils ont pris du retard, le père rentre toujours lorsque la soupe est prête :

– I deit senti la souope !

(Il a l'instinct de la soupe !), pense leur mère.

À son entrée, les enfants se ratatinent dans une sorte de discrétion impressionnée. Auguste, le frère aîné, rejoint sa place à la table, les parents se disent deux mots puis ils soupent. Si Paul se tient mal, il prend entre son pouce et son index sa casquette posée près de lui. Devant ce geste, automatiquement son dos se redresse. La casquette frémit, rien d'important, mais elle l'effraie, il la considère comme la meilleure arme des pères désirant se faire obéir des enfants. Chez les Bedel on ne tape pas les enfants, on rouspète à peine, l'autorité y est naturelle. Dans ce grand bavardage de silence, Louis assis au bout de la table déplie son grand couteau à manche de bois marron, il ne s'en sépare jamais, même dans les champs. À sa droite, il saisit une grosse miche sur laquelle il trace du bout de sa lame une croix. Ayant marqué le pain d'un signe d'expiation des péchés, il empile devant lui quatre morceaux largement entaillés. Le pain paraît massif comme le chêne et pèse plus que son poids d'apparence. Sa mie serrée, tel du sable, renferme le jour de sa fabrication un goût frais, moelleux, et prend un goût amer et salé lorsqu'il en atteint plusieurs. Aliment sacré, il constitue l'essentiel du repas du soir après la soupe. Jeanne tartine les tranches de ses deux petits d'une couche généreuse de beurre doux, ils se mettent à mastiquer la croûte noire et dure longuement, en rêvant un peu. À la fin du repas, le père Bedel ramène vers lui, dans le creux de sa main, les miettes près de son assiette puis les avale d'un coup, on ne perd rien, surtout pas le pain. Il termine son repas d'un verre de cidre, le boit comme s'il s'agissait d'un fond de verre, d'un trait, dans un coup de langue. Malgré sa fatigue du jour, il repart s'occuper des bêtes. Sa soirée commence lorsque la journée de ses enfants se finit.

Le matin, parfois avec envie, Paul regarde Auguste partir avec son père dans les champs ; en attendant d'avoir le droit de les suivre, de traire « à genoux comme on trait ici », il lave et essuie la vaisselle, balaie la poussière avec son petit balai artisanal fabriqué en genêt. À la saison sèche, il mouille avec un broc d'eau le sol pour éviter à la poussière de terre battue d'envahir les meubles. Paul, pourtant timide, s'amuse de tout, bon public il apprécie ce petit monde clos ; il n'a pas encore goûté à la liberté des grands espaces, de l'air qui rentre plus que dans les poumons, du grand air des champs aspirant l'âme. Tout ceci viendra plus tard, ce que l'on ne connaît pas ne peut nous manquer. Il s'extasie d'un rayon de soleil sur les bassines de cuivre, d'un silence rompu par le beuglement d'un petit veau cherchant sa mère. Il s'émeut de la forme des arbrisseaux torturés par le vent, luttant dans la haie en face de la fenêtre. L'enfant ne regarde pas un endroit en particulier mais admire le tout, il ne fixe pas son attention sur un objet, il préfère déjà l'ensemble. Le vol des mouettes et les remous du soleil dans l'océan ne l'invitent pas à la rêverie et il n'est pas encore devenu une bête de somme, sa maman le protège. Son enfance a cela de merveilleux qu'elle laisse le temps au temps, du temps pour la méditation, pour l'illusion d'une vie simple et douce, sans chagrin, ni souffrance. Il ramasse les fleurs, écoute sans un mot les conversations des femmes au lavoir. Accroché à ses jupons, il aime sa mère. Ce sentiment grandit et ne le quittera jamais plus.

Avec l'argent du beurre et de la crème, Jeanne achète des merveilles : du sel, du café, du savon, parfois une boîte de biscuits, le journal également. Une fois par semaine, il l'accompagne à l'épicerie, toujours curieux de ce grand chambard où se côtoient aliments, produits d'entretien et objets insolites, probablement inutiles puisqu'ils n'intéressent pas sa mère. Il les « regarde avec les yeux », sans y toucher, sans envie particulière mais avec un certain étonnement. Entouré des bêtes, des légumes et des plantes, dans son univers paysan, entre les murs de l'exploitation agricole des parents, il peut manipuler, sentir, voir, caresser sans frustration aucune. Il se pose beaucoup de questions, déjà, en quelque sorte décalé par rapport aux choses de la vie, car terriblement réservé, presque peureux, il se met en retrait. On lui dit comme il faut penser, toutefois il perçoit le monde un peu autrement. Du côté muet des gestes et des mots que les adultes ne partagent pas avec les enfants, son imaginaire tourne à plein régime. Le silence lui pèse mais lui parle. Le bruit de fond entendu partout ne lui convient probablement pas tout à fait, des pensées le titillent et le rendent indépendant au centre de cette tranquillité trop discrète de ses parents. Il se range sur un fil invisible mais tendu, dans un monde où l'on ne parle pas aux bambins, et sur lequel il essaie de marcher malgré tout, de comprendre et d'apprendre, d'inventer son futur.

D'ailleurs, voici ce qu'on lui a raconté à son sujet. En 1933, l'année de ses trois ans, une soirée mémorable marqua les esprits dans toute la région. « Assez malin » pour son âge, il entrevoit l'énervement de tous, les gens vont et viennent chez les uns, chez les autres ; depuis plusieurs jours, on creuse des trous dans les murs, on pend de drôles d'objets aux plafonds. À cette époque, le Cotentin ne connaît pas de soirs artificiels. La nuit vient de l'océan, grimpe sur les rochers, caresse le sable et le varech, puis continue de par la campagne, avec les bruissements si particuliers de la corne de brume. Seule, la lumière du phare de Goury guide les pas et balaie la fatigue des paysans, des paysannes et des pêcheurs rentrant de leur journée de labeur. Habitués à la pénombre, depuis des siècles et des siècles, ils ont appris à aimer la rude noirceur des nuits sans lune, interrompue par les raies de la lanterne dansant comme les fées dans une clairière d'herbes étincelantes. Ce soir-là, l'affolement général met bien mal à l'aise l'âme du garçon sensible ; sa mère ayant remarqué son trouble le laisse après le souper dans sa petite chaise haute en bois, délicatement il fait tourner le boulier de perles de bois roses et bleues de la tablette. Tous restent à table plus longtemps qu'à l'accoutumée, on offre le « jus » (le café) agrémenté d'une goutte de calva. Solennellement la lampe à pétrole et les bougies qui éclairent les Haguais depuis toujours s'éteignent, les hommes présents se chargent de la tâche. Un instant : tous retiennent leur souffle, les enfants, les grands-parents, les parents, quelques oncles et tantes, des voisins cessent de remuer leur cuillère dans leur moque de café.

L'un, de sa voix rugueuse, déclare :

– *Creis-tu qu'cha va marchi dé t'cheu couop ?*

– *No va byin veî !*

(Crois-tu que ça va marcher ce coup-ci ?)

(On va bien voir !) répond une autre, et tous ricanent avec lenteur.

Les plus jeunes se taisent comme dans toute tablée d'ici, les adultes seuls parlent à table, encore faut-il qu'ils connaissent parfaitement le sujet dont il est question. Ce jour-là, bien peu prennent la parole, de ce qui va arriver on ne comprend rien, on l'accepte toutefois, on veut voir. Lorsque le noir s'étouffe d'un seul coup et que la lumière revient, Paul, terrorisé, se met à hurler de frayeur : son père vient d'appuyer sur l'interrupteur électrique ! L'électricité est enfin arrivée dans le village, tout le monde applaudit. Choqué par ce tapage de la clarté de la lampe trop blanche dont il ne peut appréhender l'importance et le confort qu'elle leur apportera, les sanglots l'étranglent durant de nombreuses minutes sans que quiconque puisse le consoler.

Chaque soir, on lui permet ensuite d'appuyer sur l'interrupteur. Il en tremble de peur et d'excitation, il s'accroche à sa mère en la pinçant au bras :

– *Allez Paul appyis sus l'boutouon !*

(Allez Paul, appuie sur l'bouton !)

Et le miracle se renouvelle. Durant des années, dans sa famille on plaisante au sujet de ses craintes et de sa sensibilité de petit garçon, mais ainsi s'amorce la légende qu'il semble revêche à un certain modernisme, au progrès, et qu'il prendra probablement plus tard un chemin solitaire. En attendant de voir grandir son jeune rebelle, dans tous les cas, prétend Jeanne Bedel à son sujet, il devrait faire un excellent époux, vu l'apprentissage ménager qu'elle lui enseigne déjà !

NOËL

Le jeune garçon quitte sa petite enfance, sa chaise haute, et inscrit dans sa mémoire ses premiers souvenirs comme son premier Noël, sa première naissance du Christ. Il dispose ses petits souliers sur le rebord de la grande cheminée dans laquelle flamboient des débris d'ajoncs ayant servi à chauffer la marmite en *potin* (fer) dans laquelle a cuit la soupe familiale à la graisse. Trop jeune pour assister à la messe de minuit vu la température hivernale, il se couche « dans sa chapelle blanche », rêvant à ce qui peut se passer le lendemain au petit jour. Avant de s'endormir dans cette nuit de neige au parfum de sommeil, il écoute les bruits de la nature, attend comme bien d'autres enfants privés de messe le cliquetis caractéristique du traîneau du père Noël dans le ciel de son petit pays, le craquement du toit lors de son passage dans la cheminée. L'enfant lutte, toutefois ses rêves le saisissent d'un coup. Égaré dans le domaine des songes, le matin, abasourdi de fatigue, il descend l'escalier de bois sous le regard de ses parents qui lui sourient comme jamais ils ne lui sourient. C'est étrange comme ce sourire est unique et lui fait autant de bien que le soleil, s'imprime au fond du cœur, chauffe son âme et tout son corps. Une agréable sensation d'exister mais aussi d'être aimé et de vivre surgit en lui et le rend « tout bizarre ». À cette époque, on sourit à peine aux enfants, à croire qu'en devenant adulte on perd ce baiser de bonheur. Là, quelque chose de mystérieux dans leurs regards l'interpelle.

– *Vyin-t'en veî dauns tes soullyis, men bouonhoume !*
(Viens voir dans tes souliers, mon bonhomme !)
– *Vyins-t'en men fisset, apprèch'tei, n'y-a ryin drôle !*
(Viens mon gamin, approche-toi, y'a rien de malin !)
Le gamin s'approche, un peu inquiet, retenu à sa chemise de nuit, surpris, on ne lui ment pas : quelques friandises, une orange, deux clémentines et un père Noël en chocolat, l'attendent dans un ravissant panier fait avec des copeaux de bois blanc, orné tout du long par un ruban vert. Quelle joie pour un enfant de recevoir un pareil cadeau embelli de la douceur des visages de ses parents, heureux du foyer qu'ils ont fondé ! Les enfants dans la famille ne reçoivent pas d'autres cadeaux dans l'année, pas même à leur anniversaire. Ces présents prennent pour lui un goût d'infini.

L'année d'après, après avoir ciré ses sabots de cuir, il les dispose près de l'âtre et part se coucher. Surprise ! Juste avant minuit, on le réveille tandis que la cloche de l'église carillonne dans la nuit sombre. Il s'habille dans sa chambre sans chauffage. Dehors, à la merci de la dureté de la nuit, tout grelottant, il avance avec cette impression de fin du monde chevillée au corps. Son voisin, monsieur Caignon, l'accompagne, ils entrent dans un endroit à peine reconnaissable. Le chœur de l'église illuminé invite à la gloire et la beauté, il s'assied sur un banc, la tête bien droite, ne perdant pas une goutte du spectacle. Le sacristain s'agite dans de grands mouvements amples pour allumer toutes les bougies, créant des plissements d'ombres inhabituels sur le sol d'où sortent les ténèbres et ses figures patibulaires. Soudain le feu, allumé par on ne sait quelle créature maligne, prend au surplis du pauvre homme, sans qu'il s'en rende compte. Un cri surgit de la foule. Un villageois affolé, Louis Coquille, hurle, il est grand temps :
– *Gust'tu brûles dauns l'dos !*
(Auguste, tu brûles dans le dos !)
Et la foule reprend d'une seule note la terrible nouvelle, le feu est éteint en quelques tapes vigoureuses, distribuées par quelques solides paysans et pêcheurs aux mains tannées à la croûte de sel et de terre. Ils ne craignent rien et surtout pas de s'abîmer la peau plus qu'elle ne l'est déjà. On s'amuse beau-

coup, les villageois s'informent à tour de rôle de la santé du malheureux. L'air un peu bravache, le sacristain se relève affirmant qu'il n'a rien :

– J'n'ai ruin, mais ryin dnu tout, n'vous otchupaez pas d'ma, n'y-a ryin d'byin grave j'syis tout entyi !

(J'ai rien, mais rien du tout, ne vous occupez pas de moi ! Il n'y a rien de bien grave ! J'suis tout entier !)

Monsieur le curé remet un peu d'ordre dans tout ce fouillis étonnant, où le froufroutement d'étoles et de manteaux se mélange aux éclats de rire et aux gloussements de surprise. Une odeur de poils grillés monte jusqu'au fond de l'église comme si son chœur brûlait tout entier.

Heureusement, les parents Bedel rejoignent leur jeune fils, leur présence le rassure. Il regarde avec émerveillement toutes ces belles toilettes et ces hommes rasés de près qui, pour la plupart et malgré les années, ont passé leur costume de mariage pour l'occasion. Beaucoup ayant forci, ils s'y boudinent un peu, on les reconnaît à peine. Jésus fait bien des miracles : les rides, à la caresse des lumières des bougies, se lissent, la fatigue des jours s'atténue, les gens se saluent avec une grande joie, c'est jour de fête !

Au retour, les yeux arrondis et alourdis de sommeil, Paul rêve déjà, encore bercé par la résonance du chant du *Minuit chrétiens*. Il entre dans leur cuisine, le bonheur de l'année passée se réanime. Au pied de la cheminée, quelques douceurs sont déposées à son intention. Il comprend à cet instant et peut être serein pour l'avenir : les belles choses se rejoignent, comme les saisons, comme la pluie et le soleil ; tout revient, tout repousse, tout se répare et se renouvelle. Les tiges des plantes meurent, mais auparavant elles ont pris soin de protéger et de nourrir en leur sein la graine qui les fera revivre.

La vie l'attend comme un cadeau de Noël offert par ceux qui l'aiment, va-et-vient de gestes qui se répètent, d'événements réitérés, d'attentions renouvelées.

COMPRENDRE

En attendant que sa mère se décide enfin à lui couper les cheveux, lui apprenne à traire les vaches à genoux et à nettoyer l'étable, à la fenêtre de la cuisine il regarde de son intérieur douillet l'autre côté du monde. Il a six ans environ. L'extérieur le tente ; assis sagement sur le petit banc, il fixe le dehors. Lors d'un après-midi assez maussade, il joue comme à l'habitude avec des petites choses en bois, des bouts de papier, des jouets de rien. Les mouches tourbillonnent au-dessus de sa tête et perturbent le silence. Le temps est au beau, il distingue un frémissement d'hommes ou de bêtes venant de la rue. Soudain, passe devant lui un chariot tiré par six costauds. Les roues couinent un peu, on a dû oublier de les graisser. Avec ses bricoles, il s'invente un univers enfantin dans lequel « les grandes personnes » n'ont pas leur place. Une évidence s'approche timidement de son esprit, l'émerveille et le rassure : les adultes s'amusent donc parfois et prennent d'assaut la rue. Trois hommes d'un côté, trois de l'autre traînent une carriole à bras, sans toutefois vraiment rire et sont déguisés en dimanche. Il lui semble qu'ils apprécient le jeu. Le petit curieux lâche ses babioles, comme aimanté, et colle son visage au carreau.

Les choses se jouent ainsi, entre les enfants et les adultes, entre le sourire et la peine. Entre leurs deux mondes se forme une mince feuille de papier dentelée comme un biscuit nantais Lu. Paul en croque les morceaux en commençant par les quatre coins, pensant garder le meilleur, la plus grosse partie pour la fin. Les adultes ne sont donc pas si différents des enfants. Il va devoir grandir, il le faut bien. Si les grandes personnes se divertissent avec des grands chariots à roulettes en pleine journée, défilant devant lui et dans tout le village comme à la Saint-Gilles, la fête communale, en prenant des mines de rien, l'univers qui les sépare n'est pas si inabordable et doit bien à un moment relier l'aujourd'hui avec l'antan.

Le garçon cesse de jouer, s'assied, pense à ce qu'il vient de voir, en balançant ses petites jambes dans le vide. Un enfant, à son époque et dans sa famille, ne questionne pas sur ce qui l'interpelle. Il lui faudra des années pour comprendre qu'il vient d'assister au passage du cortège funèbre du maire d'Auderville ! On ne lui explique ni la mort, ni la vie, c'est ainsi qu'il réalise qu'elles sont pour chacun d'entre nous le reflet de notre propre imaginaire.

Paul apprécie mon premier livre écrit en 2001 aux éditions Cheminements, Jeanne de Jobourg, *il l'a même offert au jeune garçon, Fabrice, qui a tourné le film* Paul dans sa vie, *à la fin du tournage, en lui disant : « Tout y est écrit », l'amour d'une péninsule sauvage, la foi en la terre, la vie pour sa propre vie, l'absence de reproches et de regrets envers la soumission aux parents.*

Paul a lu mes romans. Jeanne Boivin ressemble à sa tante Fernande, vieille fille, sœur de son père. Sa silhouette, sa démarche mais aussi son sourire le ramènent à son enfance, lorsqu'il voit Jeanne aujourd'hui à la messe alors que sa tante est morte depuis deux décennies : « C'est tout pareil », le même tempérament, la bonté se lit sur son visage et son sourire réchauffe les plus rustiques paysans. Comme l'affirmait si bien un chirurgien de l'hôpital Pasteur de Cherbourg qui venait d'opérer Jeanne :

– On a tous une tante Jeanne dans nos familles, des femmes qui, à peine réveillées de leur opération, ne pensent plus qu'à rentrer chez elles pour « défouir leurs patates », déterrer dans leurs jardins l'or de la terre.

Ces femmes, ces terreuses, ces terriennes aux bras généreux, aux épaules fortes, ont nourri les autrefois sans se plaindre, sans une envie d'ailleurs ; par leur rire inégalé, elles enchantent les fêtes de famille, par leur mémoire organisée, pas une date d'anniversaire ne leur manque, pas une filiation ne leur échappe. Elles tiennent au creux de leurs mains, de leur regard pétillant de malice, de leurs souvenirs, la naissance des enfants qu'elles n'auront jamais. Ces femmes, ces demoiselles éternelles, comme Jeanne de Jobourg ou Fernande Bedel, ont passé le costume de mères universelles et c'est pour cela et c'est ainsi que nous les aimons. Elles aiment en retour tous les enfants du monde, elles savent coudre, broder leurs initiales sur les draps de leur trousseau stérile, travailler comme les hommes et possèdent un lopin de terre, un « potager fleuri », une parcelle d'éden.

BEAU JOUR

Debout sur sa table, le neveu se laisse lentement piquer le bas de ses pantalons par sa tante, ses genoux se crispent. L'immobilité lui coûte, mais elle a ce si joli sourire, ce sourire que peu de femmes offrent au monde et qui leur vient probablement à leur naissance. Il a sa petite idée sur ce sourire : il imagine la bonté se poser au premier souffle de leur vie sur leur âme. Son visage étonnant, poli, s'embellit au fil des âges comme celui des religieuses en robe châtaigne du carmel de Lisieux. Elles ne possèdent ni empreinte d'âge, ni de durée, ni de saisons ; « elles sont à Dieu ». L'enfant ne bouge pas pour ne pas lui donner plus de peine.

– *Touorne-ta Paul, Ratouorne-ta, ardrèch'ta, tyins-ta traunquile.*

(Tourne-toi Paul, tourne encore, redresse-toi mon bonhomme, tiens-toi tranquille !)

Et comme cela, longtemps, les minutes agrippent l'éternité. Essoufflé d'immobilité, Paul scrute l'horloge, défaille d'impatience, ses jambes le démangent, le grattent, c'est insupportable. Soudain, elle prononce la phrase magique :

– *Ch'est byin, tu peux d'scenre !*

(C'est bien, tu peux descendre !)

D'un bond, le galopin descend du banc où il se statufie depuis presque une demi-heure. Et c'est au tour des bras de son petit costume d'être arrangés. Il observe la patience de sa tante, son aiguille s'enfonce dans cette gelée de tissu bleu marine, les aiguilles de sa petite boîte en ferraille le cernent peu à peu dans tous les sens. Vient le moment où il faut tout enlever en levant les bras, la suée le prend, la grande suée des mauvais jours. Tante Fernande cherche la meilleure façon de lui enlever son vêtement d'épines si lourd et pourtant si fin. De temps en temps une aiguille, on ne sait pas très bien comment, se détache du vêtement et vient le piquer à un endroit auquel il ne s'attend pas. Il sursaute, les larmes lui montent aux yeux, tante Fernande frotte l'endroit énergiquement et tout va mieux. Elle pose le tissu sur la table, le taille avec ses immenses ciseaux dont les lames sombres coupent l'étoffe dans le couinement aigu et voilé d'une peau que l'on entame.

Le petit Paul se retrouve léger, en petit maillot de corps et en culotte devant elle, il a froid tout à coup et court se rhabiller avec ses hardes de paysan. Sa mère le veut toujours coquet, il l'est et ses habits possèdent un petit plus incompréhensible « aux gens des villes », ils sentent bon l'étable, l'odeur chaude des bêtes et du lait.

Tante Fernande, sœur de son père, est déjà vieille, comme toujours vieillie parce que célibataire, donnant un sens au terme « vieille fille ». Le garçon ne l'imagine pas avoir été jeune, ses mains sont agrandies par les travaux de vie. Elle coud pour tous et toutes dans le village, elle coud le corps des hommes pauvres, elle coud de toute la richesse de son cœur, un peu d'amour avec des fils de coton ou de laine, des fils de lumière imprégnés de sa bienveillance. Accueillant, son sourire accroché aux nuages et aux fleurs embellit plus que les corps et leurs vêtements, il atteint l'esprit. Tante Fernande, c'est des mimiques, un savoir-être, un petit truc de rien du tout mais qui rend meilleur l'homme et l'humain, des petits mots agréables et une intelligence infinie. Tante Fernande, dans sa démarche, dans son allure, dans son sourire, c'est une femme au rire franc et accueillant, à la silhouette solide et loyale envers la terre et ses valeurs. Une personnalité que l'on emmène avec soi par-delà la mort, intemporelle, céleste. C'est une rencontre pour le meilleur et seulement le meilleur.

Tante Fernande tricote la laine d'écume de son océan d'amour, elle brode les âmes de gentillesse, apporte son ouvrage dans les maisons froides, tièdes ou chaleureuses, avec le même engouement. Ici, contre cette terre si basse qui oblige l'homme à se courber vers elle pour recueillir ses fruits, rien n'est plus merveilleux qu'un sourire et une parole d'elle, même lorsqu'on a le cœur sec. Le lendemain de cette séance de couture, Jeanne Bedel met sa belle robe noire, repassée au pli près. Bien coiffée, elle lève son fils plus tôt qu'à l'ordinaire. Il n'a pas atteint encore ses huit ans. Elle l'habille avec son petit costume cousu d'hier et l'amène vers son aujourd'hui. Beau comme un prince, un peu inquiet du regard grave de sa mère qui vérifie tous les détails jusqu'à la plus petite pointe de ses cheveux, il tremble de froid. Tous deux sortent à tâtons de la maison dans la nuit onctueuse et lourde. Il tient sa main, il se souvient d'ailleurs s'y être arrimé comme un bateau s'arrime au port pour lutter contre le grand vent. Sa mère marche toujours avec un air un peu détaché, de quelqu'un qui sait où il va, mais qui garde dans sa façon de se mouvoir un peu de nonchalance. Cette composition la rend légère et plus menue encore, telle une plume balayée par un tourbillon massif. À l'heure des braves, lorsqu'on ne rencontre personne sur le chemin, les éléments de l'endroit où ils cheminent les embrassent, l'aube crisse sous leurs pas. Le corps du futur petit paysan tambourine de trac, cette grande aventure l'amène, lui l'enfant si jeune, dans le cœur de Dieu, dans une fusion, une parfaite communion entre eux deux.

Ils traversent le cimetière, à jeun comme le préconise la sainte Église. De toute façon, à cette heure aurore il n'a pas faim. Sans un mot de sa mère depuis son réveil, ils avancent jusqu'à l'autel. À genoux, le froid tente de s'infiltrer le long de sa peau. À l'intérieur de son âme, la quiétude couve sa douceur. Les sept heures sonnent, réveillant la campagne, dans ce grand tapage à vous mettre les larmes aux yeux, l'abbé Marie entre. Paul se sent si minuscule, il aimerait se fondre dans les pierres de l'église. Le mouvement de la chasuble du prêtre, son air posé, sage et concentré s'accordent à la solennité du moment. Tous trois égrainent quelques prières, le *Je crois en Dieu* de l'enfant résonne bien faiblement et timidement dans ces lieux sacrés. Quelques jours auparavant, il a répété cette scène en prenant des hosties non consacrées.

Toujours à genoux, le corps du Christ l'envahit. Cela n'a plus rien à voir avec les essais précédents, il communie pour la première fois. Il comprend à cet instant et pas à un autre que, tout comme les religieuses ou les moines, « il appartient désormais à Dieu ». La grâce l'entoure de ses grands bras généreux, d'un jour bien plus bouleversant que tout autre pour lui, il n'y a pas un génie qui puisse le faire douter de ce moment, aucun bien matériel ne peut se substituer à ce qu'il ressent. Une impression plus forte que le savoir et l'intelligence humaine l'emmaillote. D'un bond il se retrouve au paradis, il sautille sur un grand jeu de marelle tracé sur sa terre et son présent du monde. « Il joue avec les anges invisibles. » Moment magique. Il se promet de retrouver ce moment, de le retracer, de reconnaître son ciel dans un sourire, une parole, un pardon, une amitié, un sentiment d'amour, un partage, une entraide, une grand-mère qui a du mal à marcher, un malade à visiter. La Bible devient son abri, sa maison, son château douillet. Il n'est pas commun de communier si jeune et l'abbé Marie, sans le lui dire, a reconnu sa grande foi, celle qui fait aimer jusqu'à la plus petite fleur des champs, la pierre désossée de son mur, les insectes, les bêtes et les gens. Il entre donc timidement sur la pointe des pieds dans la parole et le sens de Dieu, « dans son amour » il apprend, promet de ne pas déranger les éléments fragiles de cette nature généreuse, offerte et que, par son métier, il va devoir ou plutôt choisir de respecter. Pareillement à ce plus beau jour de sa vie, il reste humble et minuscule, à genoux devant Dieu et devant les hommes, il comprend qu'on peut se trouver futile dans une foule ou se croire indispensable. Pour éviter ce sentiment d'inutilité, il fuit les apparences, s'isole parfois pour rester au plus près de ce moment béni, bercé par son souvenir. Il se fond dans la nature, dans sa cathédrale de nature. Dieu comme les bêtes ne juge jamais l'homme, jamais. Dans cette église il fait froid mais la chaleur l'envahit comme un souffle de bête, comme l'âne et le bœuf qui ont, une nuit claire, réchauffé le nouveau-né fragile, le fils de Dieu. Suspendu à ce mystère impressionnant, le communiant reçoit l'évidence, le signal du départ de sa vie de chrétien. Même au fond d'une grotte, possédé par l'assourdissante violence d'une âme grise, Dieu consent du divin. La beauté des êtres et des choses s'invite partout, et il reconnaîtra très tôt, dans chaque épreuve joyeuse comme malheureuse de son existence, l'étincelle divine. Avec son petit talent, son raisonnement, il se met peut-être en marge d'un certain progrès. Le jour de sa communion, le plus beau de son existence, il reçoit une seconde vie, comme lorsqu'on a le droit à une seconde chance, comme guéri par le sourire d'une sainte. Il croise son chemin, il prend le sentier de l'amour de l'homme et le respect des éléments fragiles de la création, profondeur d'un cœur qui restera toute sa vie celle d'un fils. Avant l'école, il va au catéchisme à l'église. Il pose sa foi et surtout son espérance dans ces lieux bénits. Petit à petit ses camarades ne viennent plus. Après la profession de foi, ils ne resteront plus que deux à cette prière du début du jour, ce quart d'heure avec Dieu. Cette petite fille, bien des années plus tard, Paul la retrouvera sur les chaises du conseil pastoral de Beaumont-Hague. Tous les deux ont suivi le même chemin de la foi, chemin d'une vie. Comme leurs petits camarades ne viennent plus, le prêtre les fait prier tous deux pour les absents. Grâce à la prière et à la foi, monte vers Paul un chant d'amour pour les égarés, pour le retour de ces enfants éparpillés, unis dans une même espérance. Pendant que ses camarades s'amusent dans la rue, monter à l'église est parfois pénible, mais qu'importe, il porte cette joie de prier Jésus pour les absents. Sa journée s'éclaire, son âme s'allège des légers soucis quotidiens, il pense aux autres et ne se centre pas sur lui-même.

Un jeudi, la sœur de l'abbé Marie vient chercher du lait à la maison, elle tient son bidon bien serré contre elle. Pendant que madame Bedel le remplit avec la louche, elle propose :

– Paul pourrait être enfant de chœur si vous le voulez bien ?

Le jeune homme présent s'empourpre, il a envie de répondre, plutôt de crier un grand oui ! Mais il se tait comme à son habitude. Sa mère se concentre sur sa tâche, elle fait son possible pour ne pas renverser son précieux liquide, relève enfin la tête et répond à sa place :

– Je pense que c'est une bonne idée.

Dans ses habits d'enfant de chœur, à neuf ans, le jeune Bedel devient sérieux et réfléchi. Cet habit grandira avec lui, il ne l'a jamais plus quitté depuis. Son Dieu du matin, son rendez-vous, sa grâce, sa force sont mis à l'épreuve un jour de fous. Alors que la guerre leur « prend la caboche » et l'énergie depuis trois ans déjà, en montant au cimetière, il trouve sa soutane et son surplis sur la route. Il avance, ébahi de colère : les fleurs de l'autel parsèment le cimetière, la porte de l'église semble éventrée et dans son antre les vandales s'en sont donné à cœur joie. Dans l'allée, l'harmonium, tel un pauvre infirme sans défense et sans voix, se recroqueville après y avoir été jeté avec violence. La maquette du bateau, ex-voto, habituellement accrochée au plafond, abandonnée telle une vulgaire épave sur son flanc, a vraiment souffert de la tempête des voyous. Sacrée, aimée des villageois, on dit qu'elle a été offerte par un naufragé secouru autrefois. Son mât cassé semble irréparable. Les gens arrivent en curieux, les villageois s'effondrent de tristesse. La gendarmerie vient faire un constat, on tente ensuite d'effacer les traces du passage des profanateurs, heureusement le tabernacle n'a pas été ouvert. Bien sûr les accusations se tournent vers les Allemands « protestants ». La veille au soir les habitants ont entendu du bruit. Les soldats se déplacent la nuit tandis que les Haguais s'astreignent au couvre-feu, sous peine d'être fusillés. La communauté d'Auderville prie, le prêtre de Saint-Germain-des-Vaux vient à leur rescousse et récite un psaume de pénitence pour les coupables :

– Voyez et priez pour ce qu'ont fait les mauvaises gens.

L'adolescent prie pour son ennemi, pour celui qui le blesse et lui fait du mal, s'initie à douze ans au pardon, grande prière de compassion, cette indispensable clémence qui nous évite à nous, fragiles humains, de perdre notre énergie en de terrifiants sentiments de haine. Cette prière parfois inaccessible peut empêcher l'homme de devenir le plus sauvage des animaux, et lui permettre d'atteindre sa plus belle liberté, celle, alors que les âmes sadiques sont déjà mortes, de ressusciter en étant encore en vie.

« Nous avons tous été enfants avant que d'être hommes », écrivait Descartes. On charrie notre enfance avec nous, cet instant de sans-défense et surtout, pour Paul, une longue période de questionnements face à la toute-puissance silencieuse des parents. Heureusement on avance, on s'étaye grâce à des tuteurs de vie, des rencontres, des enseignants, des oncles et des tantes, des grands-parents et parfois des voisins qui prennent soudain le porte-voix de la transmission des choses de l'esprit et braillent doucement dedans en transformant certains moments de la journée en royaume de conscience. Paul a puisé cette magie dans les traits de monsieur Caignon.

À LA SAISON DE COUPER LA FOUGÈRE

Les souvenirs se rangent en ordre dans le tiroir des cœurs. Le voisin et ami des parents Bedel, monsieur Caignon, prend une grande importance durant son enfance. Cet homme discute de la terre, du temps, de l'océan et des bêtes, mais en même temps il parle des éléments qui les entourent, il les tait. Il les tait dans leur possible mutation, voire disparition, qu'il pressent plus que d'autres. Il présage la mécanisation à outrance, les engrais et les produits « d'invention ». Son père, inaccessible pour les enfants, répond toujours à cet adulte rempli de sagesse avec qui il partage les idées, Paul les écoute converser avec passion. Si avec son père il manifeste sa curiosité avec parcimonie, avec monsieur Caignon tout paraît différent. Son voisin porte la force et la sagesse en lui. Ancien douanier en retraite, il appartient au pays, il voit tout comme si « Dieu lui-même parfois lui parlait en direct », il s'offre le ciel et les grands espaces. Le jeune Paul partage avec lui cette immensité qu'il lui fait découvrir. Fort, il travaille sans hâte, en aidant son père aux travaux de la ferme, l'accompagnant partout où il a besoin de prendre l'air, de prendre souffle. Ce vieil homme bavard adore les enfants et achète la viande au boucher ambulant qui passe avec son camion automobile une fois la semaine :

– *Tu vyins Paul ? No va s'offri eune petite viraée ! En d'maundaunt ou bouchi si veurt byin nous condyire à nos cllos.*

(Tu viens Paul ? On va s'offrir une petite virée ! On va demander au boucher s'il veut bien nous conduire à nos champs.)

Paul attrape sa grande main rêche et chaude à la fois, cette main unique lui accorde un peu de tendresse adulte et lui permet de devenir un enfant solide. Ils attendent longtemps leur tour dans le local ayant servi de forge auparavant à Auderville. Dans cette pièce en terre battue, monsieur Fauvel tranche, avec les gestes d'un grand praticien, la viande en quartiers sur son billot de bois et la dépose sur un linge blanc devant eux. Son jeu de manche insolite, ses grandes gesticulations donnent vie à la pièce. Les morceaux s'entassent dans l'âtre de la forge sur quatre ou cinq mètres de long et à hauteur de travail pour un homme debout. Comme monsieur Fauvel remonte à Beaumont-Hague avec sa camionnette bâchée à la fin de sa matinée, à la saison de couper la fougère, monsieur Caignon attend son ami pour remonter dans les landes et il l'accompagne. Ces quelques kilomètres remplissent le garçonnet d'un sentiment de bonheur et de fierté. Le temps de monter dans les landes à la mi-route de Jobourg, l'auto agitée et fébrile s'en va cahin-caha en dansant dans les nids de poule car la « 801 », la départementale à l'époque, n'est pas goudronnée. Parfois même, ils frôlent la « berme » (le fossé) ; fier comme Artaban, Paul savoure ces instants fragiles, dans cette voiture à moteur il se sent « important ». Toutefois sa condition semble déjà toute tracée, sa condition d'enfant de paysan du Cotentin, de petit homme, de petits riens. Il ignore la vie au-delà de cette route, elle s'arrête aux fougères dans les landes, cette immensité sans constructions, sans vie humaine, mais qui porte la trace d'une présence, de l'activité, puisque chèvres et moutons y pâturent en liberté. Plus tard, bien plus tard, « la grande usine » s'y implantera et y prendra racine, mais en attendant, son cheminement mécanique s'arrête là, dans un instant de rêve, dans une voiture au raffut infernal capable de contenter les rêves d'un petit garçon discret et secret de l'intérieur, réalisant en savourant ces instants sa destinée d'homme, dont le père n'a pas de voiture à moteur. Chez le couple Caignon, la vie se consume doucement, savoureuse comme les bonbons qu'ils offrent, une douceur qui sied aux gens n'ayant pas pu avoir d'enfants, des souvenirs au goût de caramels de la petite maison d'en face. Le jeune Paul s'y réfugie souvent et regarde cuisiner madame

Caignon avec des gestes semblables à ceux de sa mère, mais avec quelque chose de différent, de moins pressé, de plus lent, prenant le temps. Les femmes savent occuper l'espace durant des heures et remplissent leur maisonnée de bruits de cuisine à la saveur d'un foyer. Bien sûr madame Caignon ne subit pas le fardeau d'élever des enfants, ni le poids des tâches ménagères pour six et bien plus, qui s'ajoutent aux travaux des champs. Mais cette vie bien remplie s'éclaire de ses récits à la lueur des flammes de la cheminée. Elle dévoile sa vie d'avant mais n'évoque jamais sa vie d'après puisqu'elle l'ignore. Son existence s'écoule tranquillement, réchauffée par ce feu constamment allumé où sommeille un avenir sans regrets. Ni livres, ni cahiers chez cette femme qui n'a pas besoin de lire, seulement un tricot et un regard de bonté vers les autres.

Ses visites s'espacent lorsqu'il rentre à l'école communale. Pour l'occasion, tante Fernande lui confectionne son « uniforme » dont elle n'oublie aucun détail.

Langé tel un nouveau-né, « un autre enfant de sa mère déguisé », vêtu d'une blouse noire, de longues chaussettes en grosse laine et de galoches neuves, Paul porte un corset en coutil boutonné serré devant qui se prolonge sur des *néfiles*, des fils de coton, tenant des *guertiâos*, des élastiques, pour maintenir ses bas de grosse laine. En culotte courte, il a l'air malin ! Il manque de place dans cet habit de clown pour apprendre à lire et écrire, pourtant il en faut lorsqu'on doit devenir une bibliothèque, et cet accoutrement ridicule mais imposé ne le motive pas plus que cela pour étudier.

Grandir, c'est choisir son destin, c'est devoir choisir entre savoir et rester sans savoir, entre le vide et le plein, entre Dieu et le rien, c'est aussi vivre et mourir et non pas vivre ou mourir, nous n'avons pas le choix, nous mourrons, autant rendre belle la vie. Et l'enfance et l'innocence semblent s'éloigner avec chaque récitation apprise, chaque cahier terminé, chaque note reçue. Langé d'enfance, l'écolier comprend peu à peu ce que sera la vie, dans ce petit costume d'école limité et burlesque où, à chaque pas, quelque chose cloche. On veut lui apprendre le raz Blanchard, les girouettes tournant sur les toits, le pourquoi des choses, mais les choses sont là, posées exactement au même endroit depuis des siècles. L'école invente une histoire alors que depuis toujours ses ancêtres savent. Il sait déjà, par son père, monsieur Caignon, ses grands-pères et ses grands-mères, par ce don d'observation qu'ils lui ont légué, il sait déjà, et on lui propose un autre savoir. Celle qui lui apprend à déchiffrer le monde dans les yeux et les mots des « savants » s'appelle madame Lécrivain, l'institutrice.

Elle les attend ce premier matin de rentrée, dans leurs accoutrements d'écoliers, les accueillant chacun en les appelant par leur prénom. Paul lui sourit, confiant tout à coup. Gracieuse, charmante, elle dénote avec les bouilles graves des paysannes d'ici. Il boit ses paroles à l'instant même où elle se met à révéler les histoires inscrites dans les livres. Soudain l'élève se retrouve comme devant les bougies de sa première messe de Noël, impressionné, presque étranger à lui-même, une porte s'ouvre vers une autre part. Son horizon s'élargit, en cours d'histoire, les personnages tous décédés vivent encore parmi eux sur les gravures et dans les mots. Que restera-t-il du « t'y Paul » dans quelques siècles ? Quelques années après sa vie d'adulte et sa mort ? Il se pose de grandes questions et ne peut y répondre. « L'école ne répond pas à tout, elle décrit et écrit les vies passées en omettant les avenirs. » Sa mère le conduit le premier jour, quel bonheur ! Le lendemain, l'écolier comprend qu'elle ne viendra plus, il l'attend sur le palier comme la veille et entend :

– *Débroulle-ta Paul, t'y vas tout seu, tu counnais byin l'quémin achteu !*

(Débrouille-toi Paul ! Tu y vas tout seul, tu connais le chemin maintenant !)

Alors, il prend sa veste et avance seul dans la rue, dans son accoutrement détesté et inconfortable. En marchant il s'insurge : l'école c'est donc cela, c'est connaître son chemin sans l'avoir repéré tout à fait, devenir grand en se sentant minuscule, marcher à petits pas, seul sans se retourner. Il a le sentiment de s'être fait avoir et ses élastiques de chaussettes l'agacent vraiment.

Durant mes années d'école dans le département de la Manche, j'ai connu en CM2 un maître totalitaire, un directeur dont la perversion a dû le poursuivre tout le long de sa carrière grâce au laisser-faire de l'époque. J'ai fait quelques stages pour « bavardages » sous une étagère, les genoux posés sous une règle ; je me souviens encore de la violence de ses grandes claques contre les garçons, Oliver, Laurent, Hervé... qui les prenaient sans broncher, leur tête faisant un demi-tour. L'angoisse s'emparait alors de la classe. Cet homme sadique dans ses mots et ses gestes restera pour moi un fou du savoir ; je n'oublie pas sa silhouette arrondie, sa bouille pouponne et brune tannée par un bronzage insolite dans la Hague, ses petites mains potelées et courtes, ses yeux noirs et perçants de terroriste. Je n'oublierai jamais son nom. Puis j'ai connu le collège dans les baraquements de bois d'après-guerre, le poêle fumant, l'ennui, l'impression que l'on prenait les élèves pour des moins que rien. Quelques professeurs essayaient bien de nous sortir de notre léthargie intellectuelle, sans moyens et appui cela leur était très difficile. Nous faisions des tests pour savoir si nous pouvions passer en seconde, mais dans ma classe nous n'étions, d'évidence, bons qu'à faire des études courtes, moi la première. On nous demandait d'abord ce que faisaient nos parents et le tour était joué, sur nos fronts se tatouait dès notre naissance « Haguais ». Une femme conseillère d'orientation m'a regardée, navrée, lorsque je lui ai dit que je voulais être professeur d'histoire-géographie ou archéologue, et m'a doucement annoncé de ne plus y songer, que c'était plus raisonnable d'abandonner l'idée de faire des études longues. Cela fait seulement vingt-cinq ans et la Hague était encore considérée, elle et ses habitants, comme une région d'arriérés mentaux et de dégénérés (elle l'est encore en 2007 pour certains scientifiques et ethnologues). En tout cas, pour moi vint la providence ! Je vois encore arriver ma nouvelle professeur de français, jeune diplômée de ma classe de troisième, Chantal L., en tailleur rouge et chaussures à talons de la même couleur, dans notre couloir goudronné qui nous servait de cours de récréation. D'une élégance inaccessible, un sourire à vous donner confiance durant toute votre vie, une femme extraordinaire venant de « la ville », sans a priori sur nous « les ploucs de la Hague ». Elle nous a fait lire et lu Steinbeck, Maupassant, Hugo, Proust et bien d'autres livres que je garde encore en mémoire, elle nous « parlait enfin ». Je suis ensuite partie pour le lycée, en seconde. Début d'une grande aventure et plus tard pour moi la découverte de la philosophie. Mais, au temps du petit Paul, les enfants dans la Hague ne faisaient pas d'études, la terre suffisait à la nourriture de la famille, les vivres culturelles n'apparaissaient pour presque personne une priorité. On accordait quelque pitance aux enfants, aux fils de paysans, une fois l'an ils avaient accès à l'almanach des PTT et parfois plus rarement au journal quotidien. Nombre de « mes petits vieux » de mes témoins ont souffert de ne pas posséder de livres ou du moins de ne pouvoir en emprunter. L'autre part faisait peur aux parents, ce qui venait de « Paris » et les récits de voyageurs hantaient les mères, elles craignaient l'embarquement de leurs fils vers des terres inconnues. Pourtant, dans nos campagnes couvaient de grandes intelligences, il me semble qu'elles ont été gâchées, gâchées par la raison de la terre et l'exigence des champs. Paul, lorsqu'on lui parle, lorsqu'on lit ses écrits, aurait je pense pu faire des études, son esprit étonne, l'humour qu'il possède prend ses racines dans une malicieuse perception des choses et des éléments. Il n'a jamais cessé d'écrire dans ses carnets de mémoires, ni de lire, des livres qu'il a choisis et qu'on ne lui a pas imposés ; les vies de saintes, de grands chrétiens sont ses préférés, mais surtout il a écouté, comme tant d'autres, « son petit poste », sa radio des champs, ses voix d'ailleurs, ses ondes de connaissance.

LES TROIS AMIS

Un délicieux événement survient peu de temps après la rentrée scolaire de Paul ; en élève appliqué il ne se fait pas remarquer, sauf en obtenant de bonnes notes, tellement timide qu'on le dit un peu « innocent », un peu simple. Un jeudi, il attend le camion du boucher avec sa mère, madame Lécrivain fait également la queue. Elles devisent toutes deux, l'enfant silencieux, petit homme discret, transparent, baisse la tête :

– Madame Bedel, Paul est très intelligent. D'ailleurs, à son âge, il sait presque lire, il sera très savant. Faudra l'instruire, amenez-le bien tous les jours, qu'il ne perde pas une seule journée, c'est une chance d'avoir un fils comme ça.

À cet instant, il connaît la félicité de la fierté, les prémices d'une autre vie au-delà des landes à fougères, mais c'est un jour de vent dur, de celui qui pique les joues et oblige le nez et les bouches à s'envelopper dans de lourds foulards. Sa mère se cache le nez dans son étole de laine, en rentrant, il l'observe, mais rien n'y fait, il ne voit pas son visage. Elle marche jusqu'à la maison, range ses courses dans le garde-manger grillagé. L'écolier attend ses mots, ses commentaires au sujet de ce qu'il vient d'entendre, elle semble les avoir déjà oubliés. Les mots de cette institutrice adorée se gravent en lui, comme venant peut-être de la seule femme qui a compris sa soif de connaître et d'apprendre. Il ravale les paroles dans son cœur, il reste quelques instants aux côtés de sa mère, n'osant pas lever les yeux vers elle, avec le secret espoir qu'elle comprenne à sa petite mine déçue qu'elle peut lui parler. « Innocent ou simplet » il le restera donc, il abandonne la bataille et comprend qu'elle ne reviendra pas sur ce qui s'est dit tout à l'heure. Sans soutien, sans étayage d'une mère, un enfant a du mal à croire en lui et en ses capacités. Les choses que l'on tait restent ancrées en nous bien plus fortement que les autres, la frustration d'être petit l'envahit alors plus encore, il doute de lui, il se promet qu'un jour, s'il a des enfants, il fera autrement, il leur parlera, ne les laissera pas en attente, et surtout il les laissera étudier. Heureusement, madame Lécrivain sait plus qu'écrire. Elle est à elle seule le livre qu'elle porte en son nom de famille, elle croit en lui, il décide donc de supporter son accoutrement d'écolier pour apprendre la suite.

Après l'école, enfant joyeux lorsqu'il est en confiance, il rejoint ses deux meilleurs camarades, une fille et un garçon. Ils possèdent tous trois un petit fusil en bois, ils chassent durant des heures les lapins à travers des ruines et des ronces touffues à cette époque sur la route du port. À leur approche, de nombreux merles qui gambadent s'envolent comme si les pierres soudain se mettaient à posséder des ailes.

Les enfants rentrent toujours à l'heure pour souper, ils ont « l'instinct de la soupe », sans avoir de montre, le temps les recouvre d'une façon naturelle, faisant partie des éléments, rien n'est dénaturé en eux. Ils sentent le soleil, l'ombre sur les cailloux, le vol des oiseaux de mer s'abaisser à la tombée du jour. Leurs mères n'ont pas besoin de venir les chercher. Ils se fient au soleil, apprennent dans de grandes bordées fraternelles le sens du jour, comme les bêtes qui savent se lever et se coucher par instinct. Les activités de bricole dans le village, les rires des enfants, les travaux des champs et la récolte des pêcheurs, sans cesse recommencés chaque jour, verdissent leurs journées. La famille Bedel fonctionne à l'heure solaire et refuse l'heure « officielle » imposée par on ne sait quelle lubie d'hommes politiques conseillés par de grands savants n'ayant jamais eu de poules à « coucher » (les poules refusent de se coucher à une autre heure que celle du soleil). On ne peut épargner l'heure du jour, Louis Bedel affirme, et c'est une évidence, qu'il y a toujours la même heure « de jour par jour » et d'un jour à l'autre donc, pour cela il est dérisoire de traficoter les horloges ou les montres. Le soleil ne se laisse pas brutaliser. Autour du temps passé, du temps jamais perdu et du temps à venir, leur famille si unie et les trois amis acquièrent peu à peu le don de la nature en interrompant à leur manière l'écoulement du temps.

L'amie de Paul a le chic d'aimer les jeux de garçons, elle les suit, lui et son copain, à peu près partout, ils jouent aux billes également durant de longues périodes. De temps en temps aussi, pour leurs parents, ils effectuent quelques commissions. Un jeudi après-midi mémorable, Paul accompagné de sa petite camarade reçoit un cadeau ! Le cordonnier lui remet les chaussures de son père dans un sourire et leur annonce :

– *Attendaez-ma ichin les p'tiôts, j'ai d'qué pour vous.*

(Attendez-moi là les petiots, j'ai quelque chose pour vous.)

Il grimpe dans son grenier, ses pas tambourinent audessus d'eux, un peu de poussière se détache du plancher, fine comme la farine, lente comme une sieste d'été. Il fourgonne quelques instants dans de grands morceaux de ferraille et redescend avec sa mine des grands jours, tenant deux objets très étranges, l'un pour Paul et l'autre pour elle. Quel cadeau ! Le cordonnier du village fabrique des barriques, il tient donc des petits cerceaux de barriquots, qu'il pose contre son comptoir. Il ouvre malicieusement un tiroir et en sort un livre illustré en bande dessinée où de jeunes citadins jouent au cerceau. Paul écarquille les yeux en souriant, n'y comprenant pas grand-chose, il a du mal à y trouver de l'intérêt. Le cordonnier tout excité pose son gros tablier de cuir sur une pointe jaillissant de son mur près de la porte et fait sortir les enfants dehors. Très content de sa trouvaille, il leur apprend comment faire rouler les cerceaux, bâton à la main pour faciliter le lancement.

– Un, deux, trois, prêts ? Partez !

Un peu impressionnés, les jeunes enfants acceptent le cadeau et trouvent assez vite le coup de main. Puisqu'il leur met son idée de jeu dans la tête, pourquoi ne pas essayer ? Paul et son amie s'amusent joyeusement à faire dévaler leur précieux cercle dans la rue, ils courent et chantent. Au bout de quelques jours de ce jeu original, Paul prend de plus en plus d'assurance et commence à faire dévaler son cerceau au sommet d'une rue très pentue. Malheureusement, ce jour-là, l'électricien de Beaumont arrive à vélo à toute berzingue. Au bas de la route, le cerceau tape dans ses roues, le malheureux valdingue et passe par-dessus son guidon. Qu'est-ce qu'ils prennent dans les « écoutilles » :

– *Mâodits frélaumpyis !* qui gueule, *douonaez-ma vos noms qué j'veis vouot'père qui vous rale l's'olières !*

(Maudits gamins, qu'il gueule, donnez-moi vos prénoms que j'aille me plaindre à vos pères pour qu'ils vous chauffent les oreilles !)

Paul est susceptible et sensible, le bonhomme a les genoux et les coudes en sang. Il a tellement honte soudain qu'il remise son jouet dans l'étable et n'y touche jamais plus. Impressionnable, élevé dans la droite ligne de son père, qui ne voit dans les amusements qu'une perte de temps, mais qui les tolère du moment que l'on ne dérange pas les éléments et les gens, il devient de plus en plus sage.

Toutefois, pas très loin de chez eux, existe un petit chemin qui conduit au jardin d'un homme nommé Auguste Legrand, homme absolument minuscule, lilliputien même. Au bout du chemin il y a une barrière suspendue à une pierre percée. Le bas du maître, du pivot, de la barrière se termine par un pied de fer, une pointe posée dans un trou de pierre qui en assure le calage. Les garnements d'Auderville ont repéré le bricolage du brave bonhomme. Un jour, Paul et son ami enlèvent la cale et attendent sa visite, cachés par un muret de pierres. La barrière « comme de bien entendu » se dépend et le petit monsieur se retrouve à quatre pattes sous elle comme prévu ! Quel fou rire, heureusement leurs parents n'en ont jamais rien su. Dernier fou rire, dernières bêtises d'enfance, l'amie de Paul suit dès le début de la guerre ses parents vers une autre ville et son bon copain part pour devenir instituteur en 1941 à l'école de Villedieu. Soudain le monde des billes et des grands éclats de rire en liberté s'évanouit pour eux trois, les bons amis. Avec la guerre et ces deux départs, Paul se retrouve face à une certaine solitude qui l'habitera dès lors tout le long de sa vie. Perdre ses compagnons de jeu c'est accepter de grandir et de voir sa vie d'adulte poindre. C'est prendre la vie à brasle-corps et se faire une raison. « On est finalement seul au monde », parfois des gens aimés ont une pensée pour nous, nous écrivent, mais ils ne sont plus là. D'autres partent pour toujours, quittent ce monde vers un monde promis. Affronter l'absence n'a rien d'une évidence, il faut accommoder son emploi du temps d'une autre façon. Plusieurs décennies plus tard, heureusement, ceux qui ont survécu reviennent parfois pour leur retraite avec des souvenirs plein la tête, une vie de roman à raconter. Le destin de Paul est de rester là, il les attendra donc ses deux amis, et ils reviendront. Face à l'éternité, quelques décennies ne sont « seulement pas grand-chose ».

IMMENSITÉ

Fait rarissime, avec son papa, en 1938, le jeune Paul rejoint la ville, la grande ville de Cherbourg ; sur le trajet ils s'accordent une halte à l'écurie et emportent du foin « d'herbe » pour leur cheval. Ils s'arrêtent rue Notre-Dame, le propriétaire de l'étape donne de l'avoine aux chevaux, le carburant de l'époque, mais le leur n'en mange pas ; pour faire des économies ils apportent donc sa nourriture. Cette station pour voiture à cheval fait bistrot. Le cidre et le calva y coulent à flots mais le père Bedel ne boit pas ; sa sobriété est connue de tous, il ne jette pas l'argent par les fenêtres, il ne paie rien de ce qui est inutile et superflu. Non pas radin, mais parcimonieux, l'argent doit servir à agrandir la ferme, à léguer un jour un bel héritage aux enfants.

Cherbourg pour un jeune garçon de la campagne, c'est « immense ». Ca donne envie de quelque chose de différent, d'à peine perceptible, d'à peine envisageable. Sur le port on voit les bateaux, les voiliers de retour de voyage et les jolies dames. Des enfants différents de ceux de son village, au visage gai et souriant, portent de petits costumes bariolés d'enfants gâtés, ils tiennent toujours une friandise à la main ou des jouets raffinés. D'aller cette journée-là à Cherbourg lui permet de comprendre l'existence de deux mondes dans un même monde, d'apparence modeste et d'apparence plus aisé, mais sans jalousie aucune. Il se trouve bien dans sa famille, ni heureux ni malheureux, il ne se pose pas cette question. Il aime l'endroit où il vit, ne s'inquiète jamais pour savoir ce qu'il fera le matin. Ce privilège d'enfance cohabite avec un sentiment de sécurité important : ses parents paraissent solides, et ils ne manquent de rien, ils n'ont que peu de besoins, besoins pourvus par un potager et l'élevage de quelques bêtes. Il constate, regarde et réfléchit, c'est plus simple lorsqu'on peut comparer, prendre du recul, se donner le temps de méditer, de poser dans sa pensée les qualités de son existence de petit paysan et d'imaginer qu'elle aurait pu être différente s'il était né dans un monde plus éloigné de la nature sauvage. C'est important d'être confronté à cette évidence, d'être confronté à la vie citadine. Plus tard, se dit-il, il choisira entre travailler en ville et goûter aux plaisirs amidonnés et empesés ou rester à la terre. Les « fermiers des cités » cultivent le béton et doivent pour se nourrir acheter leurs aliments. Ils peuvent difficilement devenir paysans. Un paysan peut plus facilement devenir un citadin, comme ses deux frères qui travailleront aux PTT plus tard. Avant la guerre, dans la rade, Paul et son père observent les hydravions décollant des Chantiers aéro-maritimes, ils s'écrasent dans la mer puis remontent, chargés comme des baleines, incroyable ! Le bruit des moteurs l'émerveille et de la puissance qu'ils déploient pour remonter dans le ciel malgré leur poids apparaît un ballet incessant, une danse dans le ciel et sur l'eau, une chorégraphie féerique pour lui mais aussi pour les adultes présents. Au décollage il observe son père, il le soupçonne d'être tout comme lui impressionné, car un léger sourire réjoui sertit ses lèvres séchées par le vent et le sel. Posséder des choses matérielles le tente un peu, les voir, les regarder, observer l'interpelle, mais il n'ose jamais demander à son père de lui acheter quelque chose. Alors tous deux longent les boutiques pour rejoindre le marché et ses étals. Les devantures regorgent de produits colorés et insolites. Son père ne semble pas les remarquer, le bambin curieux et réservé essaie de prendre ce même regard détaché mais c'est difficile. Ils s'approchent des rues pavées de la place du théâtre, la tante du père, sa grand-tante de Digosville, y vend ses choux et son père le laisse avec elle le temps d'une course :

– Mon petit Paul, ordonne-t-elle, reste-là à mon étal, je vais aller en face, j'r'viens tout de suite, tu rends la monnaie s'il l'faut !

Rapidement, elle revient avec une adorable petite brouette en bois toute neuve et lui offre. Il ne sait plus s'il a dit merci, « c'est monstre », jamais il n'a reçu ensuite un aussi beau cadeau « matériel » dans sa vie. Il n'ose pas y toucher ni la prendre, ses yeux se remplissent d'émotion, elle insiste pour qu'il la prenne de ses deux mains et la fasse rouler, en ajoutant toute rieuse :

– *Dis-ma douon merci, crei bouon saung !*

(Vas-tu me dire merci, non de non !)

Alors il l'emporte avec lui, en offrant à sa tante son plus beau sourire, il la roule dans les rues de Cherbourg jusqu'à la halte où les attend leur cheval, sa petite brouette de gosse supplante tout, il ne voit plus rien du contenu des magasins et de leurs vitrines pleines à se vendre, Paul est fou de joie. Le cadeau de la tante reste le plus beau présent de sa vie : inattendu, offert dans un sourire, utile, adapté à sa taille d'enfant, pensé pour lui, acheté à Cherbourg le jour où il voit décoller les hydravions, où il longe avec envie les plus belles pâtisseries et dans lesquelles jamais son père n'a l'idée d'aller lui acheter une petite douceur sucrée. Dans sa petite brouette, dans ce petit carré de bois verni, il rapporte tout cela à la maison, des souvenirs, des impressions. Il se demande si son père a vu ce qu'il a vu, a senti, humé, ressenti les mêmes étonnements ou surprises. Il ne laisse rien transparaître jusqu'à leur retour, lorsqu'il pose son paletot il ne raconte rien de leur journée à sa mère. La petite brouette devient l'attraction de l'instant, sa maman le regarde jouer avec, y pose quelques légumes ; il est heureux et interrogateur en même temps. Oui, il se demande quand ses parents se parlent, ils semblent savoir tout l'un de l'autre sans même partager un mot en commun devant lui. Comme souvent, le monde adulte le fascine et l'impressionne à la fois. Il espère ce jour-là ne pas grandir trop vite, rester un petit garçon et ainsi accéder encore longtemps à la magie de tels instants paradisiaques.

APPRENDRE

Il est temps maintenant d'apprendre le métier de paysan, très doucement et lentement. Traire fait mal aux poignets, les vieux le savent. Ils se souviennent de leurs premières heures à l'étable ou dans les champs de plein vent. Sa maman le met à traire à genoux sous la plus jolie des vaches, la plus douce, celle qui a des petits trayons bien roses, bien pâles, pas encore abîmés par ses vêlages et le poids du lait. Chez les plus âgées, le lait ne vient pas facilement ou très finement, les mamelles sont dures comme du verre. Les plus jeunes donnent leur nectar en cinq minutes, d'autres en vingt minutes. Traire, c'est un coup de main, et Jeanne Bedel finit son travail les premières fois, puis petit à petit il recommence, le seau se remplit. Avec ce seau, son cœur grandit. En attendant sa mère, il caresse le doux pelage fleuri des vaches. Il adore déjà cette façon qu'elles ont de tourner la tête vers lui, semblant vouloir l'étouffer de grosses léchouilles baveuses. Leur gentillesse l'émeut, elles lui demandent de l'amour. Le lait coule et remplit de tiédeur l'étable, l'enfant s'y enfouit dans un endroit tellement blanc, tellement pur, silencieux comme la neige, doux comme un lainage. Le lait tintinnabule au fond du seau. Le premier jet, toujours plus puissant, s'étouffe au fur et à mesure du remplissage, il noie sa voix dans un tourbillon de crème chaude. La préoccupation principale de sa maman, à part l'entretien de la maison et du linge, est de nourrir les lapins et la volaille. Munie d'une toile de jute qu'elle dispose sur son dos en temps de pluie, elle va avec sa faucille chercher sur le bord du chemin « de l'herbe aux lapins », Paul l'y accompagne. Pissenlits, jeunes branches d'arbustes et d'ajoncs dont les bestioles rongent la tige jusqu'à l'os font l'affaire. De nourrir des lapins, certifie sa mère :

– Ça coûte rien !

Le père plante des choux frisés assez hauts que l'on nomme ici « choux à lapins », dont les rongeurs se régalent avec avidité. Toutes les épluchures sont récupérées et jetées aux poules et canards. Rien ne se jette, la poubelle n'existe pas, on ne saurait quoi en faire et surtout quoi déposer à l'intérieur, et quel plaisir d'aller jeter « le seau à poules » dans le poulailler. Les volatiles s'approchent et se jettent sur l'éparpillement des épluchures de légumes bariolées qui, en tombant, colorient la terre comme des bonbons disséminés durant un carnaval. Ils sont béqués avec avidité et disparaissent en un instant, seuls restent les déchets les moins appréciés, comme ceux des pommes de terre ou des agrumes. Les coqs donnent des coups de bec aux poules pour s'approcher, les poulets musclés dominent et se servent en premier.

L'expression « temps libre » n'est jamais usitée. Toutefois, les Bedel sont libres de leur temps, le paysan demeure son propre patron. Jamais une barrière ne reste démantibulée longtemps, jamais une tuile ne bouge sans être réparée, jamais une vache ne vêle sans que Louis Bedel soit près d'elle, jamais un ami, un voisin dans le besoin ne se voit refuser de l'aide. Le père remet en place la moindre brèche entrouverte et la moindre césure du ciel l'interpelle. Il imite le batelier, il va d'une maison à une autre, d'un champ à l'autre, débroussaille une petite chasse (chemin creux) puis passe à une autre le lendemain, le modèle lui vient de ses ancêtres, il prolonge leurs mains, la mort n'est rien si la vie se poursuit au travers des corps, si chaque geste pour la terre se renouvelle à l'infini. Son fils, Paul, sans broncher, comme lui se penche sur la terre, il la fouit, l'éventre, grogne parfois, il s'acharne à un labeur monumental, astronomique. Sans jamais changer les habitudes des ancêtres, celles léguées par le premier des premiers laboureurs. Le père lui apprend à travailler, pour subsister, pour l'essentiel, sans profit aucun :

– Si t'as d'exçaés d'pan, douones-le, né l'vends paé, ne t'mêle paé du « moderne » prends dreit cha qui t'fâot, pas pus ! Si tu n'as d'reste alors tu peux acataer, mais sauns « câotion ». Eun houme qui deit touote sa vie mourra sauns ryin, no n'est paé des gens d'ergent !

(Si tu as trop de pain, donne-le plutôt que de le vendre ! Ne va pas vers le moderne, tu n'as besoin que d'un petit tas ; quand tu as ton petit tas, alors seulement tu peux acheter, surtout n'emprunte jamais. Un homme qui vit au-dessus de ses moyens meurt au-dessus de ses moyens et c'est bien inutile. On n'est pas des gens d'argent !)

Ils braconnent dans un de leurs champs au nom évocateur, La Mare aux renards. Par instruction des aïeuls, ils savent le passage des renards dans les haies mais aussi des lapins. Dans cette parcelle, Paul connaîtra peu à peu les trous aux lièvres, il y pose des cravates, des collets. Il faut savoir pour voir car leurs trous sont toujours propres et astucieux. Un soir d'automne, trop hardi, il dépose un collet rapidement et trop près de la route, mais en pensant bien venir y regarder tôt le matin. Un peu paresseux, il se dit qu'il n'aura pas besoin d'entrer dans le champ et de refermer la barrière pour voir s'il a pris quelque chose. Mais il l'oublie et, quelques jours plus tard, son père le trouve, il est déjà en déconfiture, il jette sa dépouille dans la haie et sévèrement le réprimande :

– Quand on met des collets, on va y voir mon gars !

Un jour, le père redescend les clos avec ses *bercas* (moutons). Leurs moutons ne consomment que du vert, ils dépiautent les landes en liberté ou finissent de raser un champ déjà entamé par les vaches. Ce sont des « roussins » à la tête noire, de race rustique, bien acclimatés aux embruns, qui dévorent comme leurs vaches une herbe salée et iodée. Leur chair est incomparable et recherchée par les meilleurs bouchers.

Il les laisse brouter quelque temps sur la route pour relever ses collets dans le champ d'un ami, les brebis en profitent pour brouter le plus possible l'herbe de la berme. Le père risque une amende pour divagation des animaux et une bien plus forte pour braconnage. Les gendarmes s'arrêtent pour le réprimander. Il a pris un lapin, alors en les voyant, débrouillard, le cache dans la haie.

– Monsieur Bedel, rouspète le chef, vos brebis sont sur la route sans surveillance, vous savez bien que c'est interdit !

– Oh, mais je m'excuse, j'suis allé dans le clos pour un besoin pressant !

La seule façon de contrer la mort, c'est d'hériter d'une vie, de la vie de son père, de ses mains, de sa façon de faire, de ses valeurs, marcher dans ses pas. On craint peut-être moins de mourir si on fait au mieux pour laisser du « propre » autour de soi, une vie sans reproches, une vie honorable et saine. Bientôt les trayeuses électriques peuplent les champs. Il n'y a pas d'issue sur ce chemin, Louis Bedel le garantit :

– Ou tu l'achètes ou tu continues à l'ancienne, mais si tu l'achètes il t'en faudra une autre mieux encore, plus performante, plus chère.

Dans l'autre solution, la paix reste la paix, la lenteur la lenteur, le jour le jour, le tintement du lait dans le seau un son clair et universel. Un jour de tempête dans le champ d'un voisin, une trayeuse sur roulettes s'envole ou plutôt roule jusqu'au fond du terrain. Le voisin vient chercher des gros bras à la maison pour l'aider à redresser sa machine :

Son père, toujours aidant mais un peu moqueur, lui répond :

– No vyin vite Paul et ma t'aindyi, mais veis-tu ma trayeuse à ma n'prends paé s'névo, ole est byin pus seû qué touotes vos mécanniques !

(On vient tout de suite, Paul et moi, t'aider, mais moi, cher ami, ma trayeuse s'envole pas : j'ai jamais vu ma femme partir avec le vent ! Elle est bien plus fiable que tous vos appareils électriques !)

Sa pensée, calme et tranquille, Louis Bedel la tisse comme l'araignée des champs sa toile : elle commence, s'arrête, puis continue. Né dans un autre siècle, en 1897, habitué « à marcher à pied », lentement, à prendre son temps, il plonge ses racines là où le lierre lui laisse un peu de place. Né d'un temps révolu où le « tope là » de la main suffisait pour négocier un contrat, pas de papiers inutiles, valeur à la parole donnée. Pas plus de six vaches constituent leur troupeau, six vaches, autant de veaux et parfois jusqu'à quatre cochons, des poules en liberté, des lapins dans des clapiers et des lopins de terre, cinq enfants, une épouse merveilleuse, voici sa richesse. Dans leur paysage, les feuilles de lierre rapiècent les trous entre les arbustes secs, peu d'arbres poussent. Ils sont rares les grands chênes, la terre salée les chasse. Le père de Paul, tel du lierre, rapièce la campagne de ses mains, ramasse les pierres, tresse les cordes lui-même, achète très peu de choses déjà « construites » et préfère se fier à la qualité de ce qu'il fabrique. Le fils et le père se rendent à leur terre pour traire ou aller chez un ami à travers champs. Ils longent les fossés, les pieds souvent dans la boue. Il faut l'avoir connue la boue collante, celle qui forme, à force de pas, un talon haut contre lequel le corps ne peut rien et se met à tanguer. Les jambes de son père sont arquées d'avoir marché dans ces déchirures, d'avoir arraché à la terre ses lambeaux gluants et collants qui, en les secouant, s'enlèvent dans un bruit rauque. Les jambes de Paul plus tard seront arquées comme les siennes. Jeune, il enjambe les barrières, plus vieux, il y entrera tranquillement en les refermant chacune scrupuleusement, car on respecte ici tout autant le champ du voisin que le sien. Il respecte la façon de faire de son père, il fait les choses en appliquant les mêmes gestes. Longtemps inséparables, ils forment un couple peu bavard et avec le temps son mutisme ne s'améliore pas. Louis Bedel sait, alors parfois il commande un peu, sinon le reste va de soi.

LA ROUTE DU BOUT DU MONDE

Les routes de terre d'Auderville parcourent la campagne. Les jours de mariage, la mariée monte à pied à l'église au bras de son père. La glaise et la poussière sur la route l'obligent à tenir d'une main sa robe immaculée, dont des petites filles et de jeunes garçons soulèvent la traîne jusqu'à l'entrée du cimetière car ici les cimetières entourent les églises, les tombes se pelotonnent autour comme pour protéger l'éternité du silence, alors que les deux se ressemblent tant. La terre crotte les chaussures et on pénètre, les invités tout comme les jeunes époux, dans la maison de Dieu avec un sentiment indélébile d'appartenir à ce pays paysan et salin qui frange les semelles de gadoue. Nés terreux, terreux ils se marient, terreux ils sont enterrés. Les routes sont toutes de pierres ici, à la moindre pluie elles s'érodent, se trouent, s'unissent aux pas dans un ballet des vaguelettes incessantes. Alors on décide de recouvrir de goudron les grands chemins de pierres. Les travaux commencent en 1938, ils charruent la route empierrée de Goury ; pierre par pierre, les cailloux sont dégagés comme pour accommoder un champ. Centimètre après centimètre, lentement, au ralenti un gros rouleau lisse le tout dans un craquement incomparable de tassement d'un corps qui se rétracte, plie sous la douleur ; un crissement d'os broyés vient aux oreilles des villageois, lorsqu'en curieux ils s'approchent. Le père de Paul l'emmène voir « la route ». Les travaux fascinent, les hommes et les femmes se rassemblent par petits groupes le long du chemin comme pour aller boire à la santé d'un mort. Le moteur à vapeur crache sa fumée noire et sinistre dans un vacarme impressionnant. Sur un petit four à charbon, une fournette, les ouvriers chauffent le goudron, remplissent les seaux de cambouis obscur à l'odeur et à la vapeur inquiétantes, l'étalent puis l'aplanissent jusqu'au port. Le chemin, un fleuve assoiffé en ruine autrefois, devient lisse comme la nuit. Les chevaux glissent sur le goudron, se font des entorses, ils s'y feront, on se fait à tout. Les hommes au départ ont l'impression de marcher sur un luxe « incompréhensible », sur une route plus droite, bien plus nette et aplanie que les semelles de bois de leurs sabots ou de leurs galoches, ils y « gondolent » maladroitement. La route ne change pas grand-chose à l'accès de certains de leurs petits clos, seulement cette grande immensité noire et glacée comme une mer « d'huile de pétrole » permet d'avancer plus vite et facilite les déplacements vers les autres communes. Un œil attentif est préférable dans la Hague et dans tous pays bocageux pour comprendre le bonheur de cet embrouillement de haies et de murets, de chemins tellement vieux qu'ils semblent être taillés à coups de socques. Cette route terminée en 1939, faite pour avancer, débouche finalement sur une voie sans issue, l'océan la borde de toutes parts, le port de Goury l'arrête. Vous arrivez au bout, pas d'autre choix que de faire demi-tour. Parfois les troupeaux nonchalants maculent le bitume de grosses bouses chaudes et molles, odorantes à souhait. Les voitures de passage en rapportent toute une promesse paysanne dans leurs confortables maisons de ville. Le père ne dit rien, le père ne dit jamais rien, Paul regarde son visage et essaie de comprendre ce qu'il pense, s'il est inquiet, s'il est content. Il regarde et surveille l'avancement des travaux, puis, les travaux finis, ils empruntent cette coulée noire qui sous leurs pieds résonne au départ d'un bruit mat, tenture de goudron attaquée par leurs semelles de bois. La route gagne du temps sur cette course « au toujours mieux et plus ». Ici, on continue à prendre son temps. On sait bien finalement que les routes sont aussi faites pour se trouver, se rencontrer, communiquer, et c'est tant mieux. Une route, on ne fait qu'y passer, qu'y marcher, c'est la campagne qui se glisse en eux et non pas les paysans qui envahissent la campagne avec leurs grands outils de fer. De toute manière, les champs n'ont pas de limites la nuit : ils s'offrent l'océan. Les routes goudronnées accueillent une nouvelle vie, incorporent à la nature des citadins venant de plus en plus nombreux en visite en fin de semaine ou lors des vacances scolaires. Les paysans ne prévoient pas qu'elles amèneront le remembrement, faisant de leurs petits champs des grandes mangeoires à céréales. Peut-être Paul perçoit-il une inquiétude dans le regard prudent de son père ? Peut-être porte-t-il dans sa façon de se mettre en retrait, de se courber les épaules, une grande souffrance qui ne peut changer le cours des choses. La mariée du progrès deviendra presque trop belle, en tout cas, à l'heure des routes, elle crotte moins ses chaussures avant d'entrer dans l'église.

MALADIE

De son enfance, le jeune garçon garde tous ses souvenirs, mais il y en a un qu'il assimile aux frimas. Il lui vient d'un temps incontrôlable, lui tient aux os et au corps. Chaque matin alors lui rappelle sa disgrâce ; à cette époque il est malade et personne n'y peut rien. L'enfant aimerait y pouvoir quelque chose, tant les yeux de sa mère lui signifient à chaque instant l'état terrifiant de maigreur dans lequel il se maintient depuis des semaines. Il n'incarne plus un enfant mais une maladie.

Après la rougeole et une terrible fièvre, il attrape la jaunisse. Tout est là, bien rangé : le gémissement des draps de lin bordés de fièvre, la pendule d'en bas, le craquement de l'escalier sous les pas de sa douce maman si malheureuse, le couinement du bois du lit, le raz Blanchard, ce courant qui l'éveille et le réveille tout en bordant ses nuits, mais il chantonne plus faiblement. Il semble plus éloigné. On baisse le son dans la maison, les gens parlent plus doucement pour ne pas le réveiller, pour le laisser se reposer, à petits pas feutrés la vie continue sans lui.

Oui, tout est là sauf sa santé, sauf son lui tout entier, il a faim mais le docteur préconise de le nourrir d'un quart de banane et de lait écrémé, de l'eau en fait mélangée avec un peu de lait et un soupçon de bonheur. Le malade ne survit plus que pour ce quart de banane. Le matin il y pense, le midi il l'espère et enfin au goûter on lui apporte, le soir il salive tellement il en a encore envie. Le temps passe sans lui, ses frères et sœurs se lèvent après leurs parents, incapable il ne bouge plus, écoute le moindre bruit, observe les taches au plafond. Il tombe peu à peu dans le monde du rien, sans souffle, sans air, où le moindre fredonnement d'une aile d'un insecte lui fait battre les paupières et le passionne. Il s'ennuie et fixe son regard sur son mur vierge où, soudain même les vieux clous rouillés, oubliés, abandonnés l'intéressent et l'accrochent à son jour. Il décompte les heures, puis les secondes. Parfois sa faim le laisse tranquille et il dort un peu, la fièvre et la sueur le réveillent à chaque fois. Dans ses douze ans il fait bien triste. Paul a l'impression de n'être plus personne, de ne pas être encore né ou de devoir naître de nouveau, son corps, transformé en tourment, n'existe plus. Chaque jour l'amène à son enfer du dérisoire. Émietté, un enfant est là qui raisonne, le second ne possède plus de corps pour le porter, pour l'aimer et le soutenir. Pour résumer, il tombe bien bas, seuls un morceau de banane et les visites de sa mère le retiennent au temps. Sa mère ne le porte plus sur ses genoux tellement ses os amaigris lui transpercent la peau. Il devient une petite chose brisée, tremblante, une portion de squelette sans devenir, désolé, il le lui dit avec ses yeux tristes. Sa maman alors pose son doigt sur sa bouche pour l'empêcher de parler et le fatiguer plus encore.

– Dors-ta men fisset, n'té lasse pas !

(Chut mon petit, tais-toi, ne te fatigue pas !)

Elle comprend son désespoir et l'emballe dans une couverture de laine en le serrant fort dans ses bras pour l'approcher de la lumière du jour et lui faire prendre l'air à la fenêtre. Au départ, de respirer ces bouffées de vent l'angoisse d'épuisement. Suspendu au vol des mouettes et à leurs cris, il n'en peut plus. Le petit Paul tellement éphémère va mourir, les enfants sont fragiles, ils ne possèdent rien sur cette terre, pas même leur destinée, il l'a déjà compris. Sa mort, il l'offre à Dieu et aux hommes, cela n'a plus beaucoup d'importance, sa mère l'aime et c'est tout ce qui importe. L'amour d'une mère étaye, le connaître, le reconnaître, c'est l'essentiel. Le sourire de Jeanne Bedel, sa douceur à lui seul lui ouvre les portes du ciel. Paul aime Dieu, ce Dieu qui accueille et non celui qui punit, sa foi est entrée en lui le jour de sa première communion. Tout est là, tout est dit, avec sa candeur de petit garçon, il se sait déjà capable de remettre entre les mains de Dieu son fragment d'existence. L'enfant ne se révolte pas, sa mort annoncée l'enveloppe comme un parfum, comme le baiser de sa maman sur sa joue creuse, comme une caresse dans ses cheveux. Il se laisse aller de plus en plus à cette évidence, d'autant qu'un après-midi, une conversation étrange entre deux visiteuses et sa mère finit par creuser sa tombe : elles viennent acheter du beurre comme tous les mercredis, elles montent le voir, autour de son lit elles discutent fort comme s'il n'entendait pas ou déjà plus :

– Voyez l'état de mon pauvre Paul, dit sa mère, il ne tient plus debout, je suis obligée de l'emmitoufler dans une couverture pour le porter tant ses os me font mal. Il ne reste pas plus de cinq minutes à la fenêtre, ensuite il passe sa journée au lit.

Et l'une des acheteuses lui répond :

– Vous ne savez pas Jeanne, la mère X, elle va à petits pas vers la mort, elle ne tient pas debout, on lui voit les os, elle ne s'alimente plus... c'est comme votre gars !

Quelques jours plus tard, la malade dont les femmes parlent décède.

Le glas, tout près, sonne deux fois pour cette femme (pour un homme trois fois), toutefois ne connaissant pas les coutumes, à demi inconscient, Paul se fabrique une histoire, les fidèles se rendent à l'église et prient, on vient le chercher, leurs pas se rapprochent. Il pense alors, désespéré le temps que dure l'écho des cloches dans les fragments de la campagne haguaise :

– C'est mon trépas, j'entends mon trépas !

Pris de panique, du fond de son lit, il se recroqueville, mort sans aucun doute, la fièvre lui tombe dessus, il s'évanouit. Si faible, il délire pendant quelques jours, sa mère s'inquiète, pourtant le docteur, tout jeune arrivé dans la région, affirme au-dessus de sa tête en lui « tâtant » le front :

– Il est costaud ce petit gars, il a les yeux bien vifs, pas d'inquiétude il s'en remettra ! Je vous rédige une ordonnance de sirop, il est bien trop maigre. Il faut le réalimenter doucement, sa diète est finie.

Cette phrase réveille le mort de faim, il voit déjà le lard et les patates rissolées, les poissons dorés et les bananes à volonté dans son assiette. Il boit un sirop d'Apoplectine. La boîte haute et ronde comme un tuyau sur le bout de la table reste plusieurs semaines sur sa table de nuit, son sirop de guérison. Sa poudre mélangée à l'eau le ressuscite. Puis l'enfant récupère ses forces petit à petit, mais longtemps après, dans son sommeil, à la moindre reprise de la faiblesse, il entendra le glas d'airain et ce glas lui glacera le corps tout entier. S'il n'a nulle crainte de rejoindre le Seigneur, il préfère attendre encore un peu !

Ce n'est peut-être que cela la vie humaine, la recherche de ce que l'on ignore, dans les blancs et les trous de notre existence, atteindre l'amour entre les hommes coûte que coûte, même sous et dans la violence des mots et des coups. Parler ne veut et ne peut pas dire. Nous passons notre temps à tenter d'atteindre constamment ce que nous avons perdu, ce moment où notre mère nous couvait du regard et prenait soin de nous. Le sentiment d'apesanteur nous revient alors de la première gorgée de lait maternel et le soulagement tiède qu'il nous a procuré. Nous sommes des êtres de tendresse, cette idée est insupportable pourtant à certains d'entre nous. Cette ambition de douceur amène des hommes ou femmes, toujours insatisfaits, en long ou court séjour en enfer, où ils se supposent obligés d'aller faire un tour pour voir la différence et rejouer sans cesse le match de la haine contre l'amour. Passager de la Seconde Guerre mondiale comme bien d'autres, Paul, trimbalé par cette illusion du pouvoir, de la force, de la domination, s'est longtemps demandé à quoi peut tenir une vie : à un sirop ou au regard riant et aimant d'une maman ? À quoi peut tenir la paix, le retour de la vie et, toujours, oui toujours depuis la nuit des temps, son pouvoir sur la mort ? Si ce n'est de nous renvoyer au premier regard que l'on reçoit de celle qui nous offre le souffle de l'air que l'on respire, à ce lien d'aimer qu'une maman tisse avec nous. Ce lien ourle, en empruntant divers chemins, les baisers de l'esprit, il étoffe le bonheur. Ce bonheur, cet habit douillet des grands froids, au milieu de nos choix, attend les mains de laine sur le bord du chemin de sable. Et dans nos instants de solitude, de doute, il est le seul à nous maintenir en vie. Paul a construit sa vie sur le bonheur, vers le chemin de l'endroit, empruntant la ligne droite, sa sérénité nous interpelle. Pourtant, avant d'être serein, il a bien fallu qu'il connaisse la désolation.

« Paul vieillit depuis sa jeunesse », il a eu dix ans en 1940 et pensait à cette époque être déjà vieux. Les visages sans sourire des gens paraissaient marqués, burinés par les soucis et le travail et cela parfois même avant leurs trente ans. « Les vingt ans sont arrivés et les zéros sont passés », aime-t-il répéter. À soixante-dix ans passés, Paul apprécie d'avoir vu défiler les zéros de sa vie, ses décennies et en espère encore. S'il regarde en arrière : « ça monte », « ça monte » surtout lorsqu'en écrivant le livre il se remémore son enfance. Paul aimerait rester jeune, pour cela il continue de rendre et à la terre et aux hommes ce qu'il reçoit d'elle et d'eux.

LES ANNÉES TOURISTIQUES

Certains souvenirs se recroquevillent comme des cahiers intimes que l'on brûle dans la cheminée, envahis par une dentelle rougie enflammée, poursuivant implacablement son chemin d'effacement. La combustion ne cesse pas et, si on souffle pour l'éteindre, elle s'accélère. Ces souvenirs n'ont pas d'histoires malgré l'histoire. Trop proches de nous, de lui, parfois ils reviennent, l'humble paysan regarde au loin cette paix, aspire à petite buée l'air, de peur que ces années « touristiques » ne reviennent. Il surnomme ainsi les années de guerre. Sur la surface du carreau de sa mémoire, il tente de réparer cette empreinte de la peur laissée durant ces quatre années « d'envahissement ».

Dès 1932, les anciens en parlaient, on se disait qu'elles ne reviendraient pas ces années de souffrance, où chaque pas des gendarmes et du maire en 14-18, vers un foyer paisible, en annonçant sa mort, « plantait la vie d'un fils dans le cœur d'une mère ». Une mort tellement inutile, les campagnes à cette époque sans machine, sans la force des hommes jeunes, mourraient une seconde fois. Cette Première Guerre mondiale n'avait pas fini d'envahir encore de son armée en déroute, abandonnant à la conscience humaine sa dépouille nauséeuse, qu'une autre s'habillait tranquillement des oripeaux de l'impossible pardon. Les humains n'avaient donc pas prié assez contre l'idée de s'entre-tuer et ne l'avaient pas assez profondément enterrée, elle revint.

En 1939, dès le début de l'année, Louis Bedel s'agite, la mauvaise humeur l'habite tout le jour. Avec les anciens combattants, ils se remémorent leur univers durant quatre ans, le froid, la neige, l'eau, la faim, l'odeur des cadavres. Devant une moque de café, ils se racontent des choses entre eux, des faits inimaginables. Son fils Paul tend l'oreille mais peine à croire ce qu'il entend. De petits détails banals se mélangent à la boue de leurs peurs. L'enfant surprend les villageois énervés et impatients, dans leurs gestes, dans la façon agressive de lui répondre, de répondre aux événements essentiels de leur journée. Devant cette agressivité latente mais perceptible, il se ratatine face à cette menace contre laquelle son père ne peut rien et qui le fait trembler par avance. Il éponge sa crainte, il tremble, sans comprendre.

Soudain, un matin comme les autres, comme le racontaient les grands-pères et les grands-mères, la flamme noire est hissée sur le sémaphore. Débordant sur l'horizon, elle claque l'air et tonne l'effroi. Un matin de septembre 1939, l'univers bascule du mauvais côté. On pourrait poser cette grande étole dans un champ en guise d'épouvantail, le costume de la mort avec ses grands vêtements ténébreux flotte dans le ciel bleuté, sur la campagne. Un seul drapeau, un simple morceau de tissu, résume les années d'adolescence de Paul. Un drap de peau humaine faufilé de cris et de peurs, ravaudé par la guerre soudain, sous l'esprit d'une cape d'ébène, un sous-vêtement d'horreur vient empiéter les campagnes. Les hommes, pour certains mollement et d'autres follement, reprennent ou prennent l'uniforme laissant tout tomber, leurs compagnes, leurs enfants, le sourire et la douceur de leurs mères. Les campagnes se dépouillent de leur jeunesse et les églises se vident, il est pourtant grand temps de prier. L'abbé Marie, avec son grade de capitaine, part le premier. Sans prêtre résidant, l'abbé Roussel donne la messe à Saint-Germain-des-Vaux en attendant d'être lui-même rappelé sous les drapeaux. Les paroissiens râlent, les petites âmes se révoltent sans être entendues. Le prêtre doyen de Beaumont-Hague vient consoler d'une messe de temps à autre, alors « la résistance » s'organise pour les soldats ; sans jamais oublier qu'ils sont avant tout des hommes, les gens prient pour qu'aucun des leurs n'ait besoin de tuer, ne soit tué, et tout se mélange : la mort et la vie, les prières, l'espérance, l'envie de gagner, d'être du bon côté, mais à quel prix ? La sœur de l'abbé Marie continue de bonifier leur foi en faisant le catéchisme. Quelques rassemblements de prières, le dimanche parfois, se prolongent avec des vêpres. Durant cette période, l'Allemagne avance, par degrés l'angoisse monte. Les enfants sont formés durant les heures de cours à se coucher sur le dos en cas de bombardement, à éviter de se protéger derrière les fenêtres, à se caler de préférence contre les coins des murs. Certains adultes prétendent qu'une seule bombe sur leur grain de terre détruirait toute la pointe de la Hague ; le raisonnement entre les gamins est clair : à l'arrivée des Allemands ils vont mourir éventrés et disparaître en même temps que la terre qui les accroche au granit de leur presqu'île.

Le sous-préfet en grande pompe, les yeux dans le vide, le corps tout congelé dans son habit triste et funèbre, vient rassurer ses administrés, mais ses paroles ne valent pas mieux que de grands silences. Les héros ordinaires, après son passage, commencent à paniquer, à faire des provisions de tout et de rien, les maisons de commerce se vident à une vitesse impensable. Un dimanche après-midi, la famille de Paul goûte d'une bonne brioche ronde de beurre au pompon légèrement doré. Elle coule de générosité, elle fond en bouche, sa mie s'embrase sous les papilles non habituées au sucre et s'éteint sous un amas de confiture dans la bouche, ce sera la dernière de Paul avant de longues années, la dernière de sa petite enfance chez le grand-père Bedel. L'oncle François profite d'une permission, il a fait la première guerre, sa classe est de nouveau mobilisée, il se prépare à rejoindre ses camarades pour creuser des tranchées fantomatiques sur la place Divette de Cherbourg. Les enfants jouent dans le jardin entre cousins et amis, les vents sont à l'est. Peu à peu de lourds nuages s'amoncellent haut, très haut, couvrant le ciel dans son ensemble, et les cieux atteignent « un genre de fin du monde ». Englouti, le jour baisse. Sinistre soirée, tout le monde y va de son commentaire. Le temps sculpte l'air de peur et de noirceur, l'orage monte avec le vent ce n'est pas normal, d'ordinaire il monte contre le vent : la nuée monte toujours. Le soleil se dépiaute de sa lumière, il retient sa respiration, devient jaune pâle. Alors on suppose que c'est de la fumée, on tergiverse. Deux jours plus tard, les Haguais auront une explication par la presse, les nuages provenaient de l'incendie qui a suivi les bombardements des pétroles de Rouen. Le lendemain, à l'horizon, monsieur Caignon observe avec Paul les cortèges de bateaux fuyant les Allemands et lui apprend à les reconnaître : des cordiers, voiliers, chalutiers de toutes sortes redescendent vers la Bretagne, s'alignent devant eux. L'horizon grouille d'une houle d'embarcations plus ou moins grandes, plus ou moins rapides.

– Ça sent le roussi ! ne cesse de répéter le vieil homme inquiet.

Paul se souvient de ce sentiment d'impuissance insupportable. La France entière semble prise de léthargie. Il ne peut faire grand-chose, les adultes ne font rien et cela le désole. Des avions très hauts passent dans le ciel en repérage puis redescendent sur Cherbourg. De loin on entend la DCA et parfois l'explosion de bombes angoisse péniblement la pensée. Les maires complètement dépassés demandent aux hommes vaillants de surveiller les côtes avec toutes les armes en leur possession, on craint un débarquement de parachutistes allemands, certains partent faire le gué dans leurs champs avec des fourches ! Un début d'après-midi, Paul part aux foins avec son père et le père Caignon, un avion allemand les nargue pendant quelques minutes, les deux adultes chuchotent entre eux afin de le préserver de la vérité. Ils viennent d'atteler la jument grise pour s'en aller botteler. « Bonne Rondelle », comme on l'appelle ici, une dame Enquebec, arrive en courant affolée vers eux, en bégayant de panique, elle a toute la misère du monde à parler tellement l'effroi l'a prise :

– Fâot pas vos s'nallaer es fouins, les boches sont à Saunt-Croué, ou Bacquus, y vont arrivaer touot'suite !

(Faut pas vous en aller aux foins, les boches sont à Sainte-Croix, au Bacchus, ils s'amènent !)

Le père Bedel prend son air renfrogné et lui répond brutalement :

– *Piqu'les jannes les ont l'ssis passaer, qui s'débroulent, nous en 14, no-z-a byin seu l's'arrêtaer !*

(Puisque les jeunes les ont laissés passer, qu'ils viennent ! Nous, en 14, on les a empêchés de venir, qu'ils se débrouillent maintenant !)

La vieille femme se remet le jupon, puis frotte d'incrédulité son visage en regardant Paul comme si c'était la dernière fois qu'elle le voyait vivant. Paul se rapproche de monsieur Caignon qui lui sourit en lui pinçotant la joue pour le rassurer. Son père maintenant a le visage fermé, le visage des grands froids. Malgré son air crâne, son fils y perçoit de la nervosité et une heure après, ils sont, malgré les recommandations de prudence de Bonne Rondelle, installés dans le champ. Ils entendent un avion voler à basse altitude.

Le père Caignon s'exclame :

– Voilà, c'est eux !

Et le père Bedel de répondre :

– *Tais'ous cha n'est ryin d'pus qu'un avion qui rôde !*

(Taisez-vous, ce n'est rien de plus qu'un avion qui se promène !)

Il ne veut pas inquiéter son garçon, mais l'absence de cocarde et la croix gammée sur le fuselage lui permettent de comprendre, Paul est déjà très observateur. Quelques instants après, la pointe de la Hague est envahie par une miette d'armée française en déroute qui précède les « boches ». Les jeunes hommes jettent leurs armes là où ils peuvent d'un côté et de l'autre des fossés ou dans les abreuvoirs. Mais ce dont Paul se souvient le plus, ce sont des paletots qu'ils envoient par-dessus les haies, désespérés de porter le costume de soldat. La plupart des jeunes garçons atteignent les rochers sans trop bien savoir où ils sont, beaucoup chancellent en se rendant compte qu'au bout de la presqu'île, la route de la terre ne se poursuit pas, la mer leur saute à la figure. Reculant faute de pouvoir avancer, ils repartent avec leurs véhicules légers de toutes sortes vers Jobourg, les botteleurs les y croisent. Durant cette journée, certains soldats menacent les pêcheurs de Goury pour qu'ils les emmènent en bateau. Tous veulent embarquer pour les îles Anglo-Normandes. Evidemment les petites barquettes de pêche ne vont pas donner raison à tous, on se bagarre un peu sur le port. Après ce coup de panique, le canot de sauvetage largue les amarres, en surcharge, il hisse son pavillon de la Croix-Rouge. Les hommes dans le village s'inquiètent en le regardant partir, le canot n'a rien à voir avec la guerre, il sauve des vies. Des pêcheurs sont contraints d'embarquer sous la menace des armes françaises, c'est la grande pagaille, les villageois sont confrontés à toutes sortes de peurs venant de leur propre camp. Le lendemain de la débâcle, les parents Bedel partent traire les vaches au Clos morne. Le petit Paul, malgré son jeune âge, se rend bien compte de l'émoi et de l'effrayante réalité des événements. Le silence de ses parents, leur refus de lui expliquer font monter par degrés son angoisse. Encore au lit lors de leur départ, il descend l'escalier puis les entend partir.

Son père crie à sa mère :

– *Diète Jeanne, la route amouont Goury, ch'est byin yeux !*

(Regarde Jeanne, à Mont Goury, ce sont eux !)

Aussitôt ils posent leurs seaux et reviennent à la maison, leur fils pris de panique remonte l'escalier à grande vitesse et se recouche de crainte d'être trouvé en train de les espionner. La nouvelle venant de la bouche de son père lui coupe la respiration mais il ne peut aller vers aucun adulte pour se consoler, « avant d'être enfant parfois il faut bien être un homme », et son manque de courage serait mal perçu, en fait il ne sait pas très bien, il ne sait pas bien comment exprimer sa crainte et la confier.

Philomène, une voisine, arrive en courant à travers les jardins du village avec son seau. Elle aussi trayait quand elle les a vus, elle est comme perdue, ne trouvant plus son chemin, elle atterrit chez le grand-père Bedel qui la confie à sa belle-fille, ensuite la maison est en ébullition. Dans la matinée, des soldats français traînent encore dans le village et les boches les ramassent au fur et à mesure, sans violence vraiment, mais tout ceci est impressionnant car ils gueulent. Trois jeunes gens en kaki, la musette en bandoulière, toquent à la porte et demandent à Louise Bedel la possibilité de se restaurer. Paul, planté dans l'escalier, se fige en entendant leurs voix étrangères. Un plus vieux tient un bâton à la main. L'un d'eux est de Percy, un autre de Villedieu. Le père ferme la porte et est très nerveux car, à les entendre, ils réussiront à traverser les lignes allemandes et à regagner leurs domiciles. La journée se plombe dans une douleur et une belle tristesse, car bien sûr son père a appelé à la rescousse les « vieux de la vieille », ses amis anciens combattants, ils tentent d'éteindre la fougue de ces imprudents. Après une bonne collation, devant la menace qu'ils soient fusillés, Louis Bedel les accompagne au bistrot où les attend le maire pour les remettre aux autorités allemandes. Il en revient bouleversé, ses amis attendent son retour, puis échangent de chaleureuses poignées de main, alors Paul retient ses larmes…

Le lendemain matin, juste avant qu'il ne parte en pension pour le collège, Paul joue avec son copain dans son terrain de billes, son terrain de jeux, dans la courette en face de chez eux. Les pas d'un homme ferré comme un cheval approchent. Il s'arrête devant les enfants complètement « drôle », pointant vers eux son fusil, gueulant qu'il cherche « soldats français ». Les petits se relèvent tétanisés par la peur en levant les bras. Après avoir balayé d'un regard d'épouvante la cour, l'Allemand repart comme un fou. Le premier soldat ennemi vu de près laisse à Paul une impression insaisissable, d'autres rencontres seront moins agitées heureusement. Les deux garçons n'ont plus de jambes. Un sentiment l'envahit alors ensuite, indéfinissable, parce qu'il y a les bombes, la débrouille, la faim, l'Occupation. Le monde ne leur appartient plus tout à fait, les Haguais ne contrôlent plus leur existence. La soumission et l'abandon forgent en lui un caractère indépendant et relativement insoumis. Il espère plus tard devenir son propre maître et le métier de paysan correspond bien à ce qu'il espère devenir.

Paul n'oublie pas le visage de ce combattant, de cette arme braquée sur deux garçons de dix ans. En cette matinée, le soleil brille pour tous les hommes avec la même intensité et chuchote à tous de s'aimer comme des frères, de vivre en paix selon ce que « Dieu insuffle aux hommes de bonne volonté ». De chaque côté du fil, où lentement on tente d'avancer, le bien ou le mal nous attire.

DÉVASTATION

Les habitants de la Hague ne s'apitoient pas sur eux-mêmes, ils travaillent sur eux-mêmes, leur terre aride et sauvage demande un soin particulier, ils cultivent l'océan et amendent la terre. Les Allemands vont tenter de les apprivoiser, mais ils ne l'ont jamais été, ni par la météo capricieuse, ni pas les éléments liquides. Les convois entrent en vainqueurs dans Auderville, où les foyers se rapetissent les uns sur les autres, cherchant la protection autour de leur église. Au lieu de faire le tour par la campagne, surpris par l'étroitesse des rues lilliputiennes, ils descendent en cascade de leurs camions avec des barres de fer et commencent de toutes leurs forces à entamer les coins des maisons. Après quelques minutes de folie, les officiers interviennent et chacun reprend sa place dans les véhicules, laissant là les maisons esquintées, les murs ballants, le corps en pierre secoué par l'écho des coups.

– Ils ont au moins l'air d'obéir, commente Louis Bedel, pourtant tourmenté.

La maison donne sur la mer, alors le lendemain de leur arrivée, des officiers viennent la visiter pour l'occuper ; ils font comprendre à la petite famille Bedel de prendre ses affaires et de libérer la place. Tout le monde sort dans l'arrière-cour. La grand-mère handicapée dans son fauteuil roulant attend au fond de la pièce qu'on la sorte elle aussi. Alors Louis, d'un air détaché, tout en se frottant les mains, dit au traducteur :

– Si vous prenez ma maison, vous prenez la grand-mère !

Et il claque la porte en sortant ! Les Allemands, quelques minutes plus tard, sans un mot quittent la maison sans plus d'exigence, ils ne reviendront pas. Le quotidien reprend ses droits, de plus en plus les prédictions des vieux se réalisent, l'envahissement devient total. L'Allemagne dans un premier temps impressionne. Les envahisseurs installent la grosse artillerie, dans les champs réquisitionnés au hasard, laissant une désagréable impression de faire disparaître, sous leurs tonnes de ciment et d'armes de toutes sortes, ce petit grain de presqu'île. Pour y voir plus clair et pour surveiller la côte, ils édifient un projecteur sur « la grimpette de la lande Nafetière ». « Il n'y a pas à dire, mais le fer c'est toujours froid, et la lumière artificielle ne donne pas de lumière aux cerveaux », commente Paul. Ils défilent comme les oies, au pas de l'oie, avec ce côté un peu balourd des volatiles, ils remuent leurs derrières en chantant hali, halo… et Paul et ses amis avec leurs rimes d'enfants poursuivent :

– Hali, halo, vous irez tous à l'*iau* (l'eau) !

Un jour, Paul commet une imprudence, une des rares de sa vie. Petit et agile, il se cache dans les fossés vers la lande de Jobourg pour rejoindre l'endroit nommé « la poubelle des boches », dont tous les enfants parlent. Ils y jettent des bricoles à tentation, certains de ses camarades d'école y ont récupéré des petits canifs, des ustensiles de cuisine, de la vaisselle. Après avoir beaucoup réfléchi les jours précédents, il tente aussi sa chance, sa curiosité l'emporte sur sa sagesse. Il s'avance, naïf, rassuré par les haies et chemins qu'il connaît si bien. Bien caché dans le creux d'un talus, presque serein, il gambade. Le soldat de garde, en l'entendant, prévient ses collègues. Ils montent sur leurs baraques et les mottes de terre érigées, le regardent passer le long du fossé en le braquant avec leurs fusils. Un adulte aurait été exécuté sans nul doute mais un enfant va s'en sortir ce jeudi après-midi-là. Le soldat lui fait un signe de partir, alors Paul prend ses jambes à son cou « avec la frousse de sa vie », et n'a jamais plus couru aussi vite. Les jours qui suivent, il craint que son père ne soit averti de son méfait. S'il l'apprend, il entrera dans une colère immense, il n'ose pas même y penser. Plus jamais, plus jamais non, il ne cédera à la tentation de posséder quelque chose qui ne lui appartient pas. Heureusement, après tous ces cauchemars une bonne nouvelle arrive. Le village se prépare à accueillir son prêtre de retour d'un camp de prisonnier en Autriche. L'abbé Marie est libéré comme combattant des deux guerres. Il porte la Croix « palmée », la Croix de guerre, quelle surprise de le voir en civil. Paul ne l'a jamais vu qu'en chasuble, les enfants lui offrent une ronde et des fleurs, le village rayonne de joie et d'espoir. À partir de cet instant, Paul découvre, en allant le jeudi prendre des cours au presbytère, pour rattraper son retard scolaire après sa maladie, un matériel inconnu qui s'étoffe de plus en plus. L'abbé Marie se penche souvent sur ses devoirs, Paul en tremble, tellement ce prêtre l'impressionne, pas question de poser des questions sur ce qu'il voit dans son bureau. Une grand-mère est mourante à La Roche, le village est coupé du monde depuis le début de l'Occupation. Accompagné d'une sentinelle, ce curé qui n'a peur de rien part et visite un endroit où personne n'a plus le droit de passer. Avec ses yeux, il note. Le jour de l'enterrement, il note de nouveau ; comme enfant de chœur Paul le précède. Là, en l'entendant discuter dans la sacristie, le jeune garçon comprend que ce bon curé donne des renseignements de guerre, il informe deux des porteurs du cercueil :

– Je sais où est leur pièce d'artillerie, ils vont nous « réveiller la bonne femme » (la morte donc) s'ils la mettent en route. J'ai tout vu, je suis satisfait, je vais pouvoir annoncer les choses.

L'abbé travaille pour la Résistance, l'enfant de chœur bien sage, aux oreilles affûtées, ne connaît pas le mot ni le sens de ce mot, bien plus tard il comprendra. L'hiver endort à peine la guerre, les patrouilles gueulent fort dans l'écho tourmenté des ténèbres. Si une poussière de lumière filtre d'une porte, les sentinelles frappent tout contre, brutalement, à coup de crosses de fusil. Un soir, entre deux patrouilles, le père Bedel part pour l'étable, dans la cour, afin de donner à manger aux vaches. Il la traverse comme chaque soir le plus discrètement possible, sans lumière, à l'intérieur il entend le clic-clac caractéristique d'un fusil qui s'arme puis celui d'un deuxième.

Deux hommes le tiennent en joue, il pleut à verse et ils se sont mis à l'abri. Alors, sans perdre son sang-froid, comme ils sont trempés, il les invite à sa table, à manger de la soupe chaude et boire le café. Jeanne s'agite en voyant les mines patibulaires des deux Allemands.

– Qui qu'tu nous ramènes !

Et le père de Paul de répondre :

– Teis-ta ! Y m'ont l'ssi la vie, cha vâot byin eune souope !

(Tais-toi ! Ils m'ont laissé la vie, cela vaut bien une soupe !)

La famille se met à table, tétanisée, c'est la grande panique. Leur odeur, leur proximité effraient Paul, mais leurs grosses voix s'atténuent lorsqu'il se rend compte de leurs bonnes manières. Ils n'ont rien de monstrueux dans leur façon de se servir et de manger. Ils passent le pain, sourient délicatement, semblent curieux de toutes choses, montrent les photographies de leur famille. Plus tard, les deux soldats viendront de temps en temps retrouver quelques moments à la maison, prendre une bolée de douceur d'un foyer, boire un jus (café), et repartiront en laissant un pot de confiture, un peu de sucre ou de sel. Ce n'est pas une amitié, c'est juste un moment en suspens ; à chaque fois d'ailleurs, ils laissent leurs fusils à la porte. Ensuite ils repartent vers l'autre vie, par la porte de derrière pour ne pas être vus par la contre-patrouille. Au départ, Jeanne a peur puis elle s'en accommode. Louis Bedel, comme à son habitude, ne montre rien de ce qu'il ressent, toutefois son fils perçoit sa grande force de caractère.

Paul passe la guerre dans le quart du mur d'une pièce de la maison, entre deux pièces. Lors des bombardements, la nuit, la tête enfilée sous un oreiller, son lit fait des bons. Ça craque sec comme une ondée de grêlons, tout tremble même ses os, son corps se noue et se dénoue avec douleur. Chaque respiration se transforme en supplice, parce qu'une bombe suit l'autre, qu'une rafale de mitrailleuse suit l'autre. Des encoignures des maisons, les prières montent vers le Seigneur, comme une armure, simples, courtes, suivant la circonstance. Suppliques indiquées par le prêtre, chacun ayant confiance en Dieu, jeunes comme vieux. La prière envahit la pensée, les champs se dépouillent de leurs habitants, chacun se plaint de ses manques et de ses peines ; les hommes sont retenus en Autriche ou en Allemagne. Le village organise des fêtes dont les bénéfices servent à confectionner les colis pour les prisonniers. Un souci chasse l'autre, c'est une loterie au jour le jour sans ticket de chance, chacun à son lot de soucis. L'enfant a peur, peur, et cette peur lui tient au ventre comme une conjuration. Il aimerait ne pas sortir de la maison mais son père l'envoie « aux corvées d'église ». Il nettoie distraitement le sol, arrange les fleurs et repart en courant dans le quart du mur où il se cache durant la journée. Jamais de vie d'homme on ne leur a volé des pommes de terre, mais soudain elles se défouissent (se déterrent) toutes seules et leurs volailles malgré leurs bouts d'ailes coupées s'envolent on ne sait où. Les pommes disparaissent, enfin tout ce qui se mange se volatilise. Ça râle chez les parents de Paul, on supplie l'occupant pour qu'il laisse paître les bestiaux dans leurs propres champs occupés. Ils échangent leur accord contre du lait. Les champs des Bedel sont réquisitionnés, les meilleurs champs sont envahis, les occupants y ont construit leurs baraquements. Charruée, remuée, bichonnée, engraissée, abondée depuis des siècles par leurs ancêtres et eux-mêmes, la terre est recouverte de béton et de ciment. Les champs du père deviennent les champs de guerre. Petit à petit, Louis Bedel vend ses vaches, faute de foin. La côte est minée de tous bords, et bien souvent les haies, véritable richesse paysanne ici, sont détruites pour faciliter le passage des engins de guerre. Sans vaches, les Allemands ne viennent plus leur acheter du lait ou du beurre, mais comme ils possèdent une écrémeuse voilà qu'ils ont l'idée de faire écrémer à Jeanne Bedel le lait qu'ils grappillent ici et là dans les fermes voisines. Ils apportent le lait dans des récipients insolites, voire des seaux hygiéniques avec couvercle, ce qui désespère Jeanne de les voir si bêtes et si irrespectueux du bon lait :

– Souont-i innochents cheis gâs-là ! Dauns l'siâo à pisse qui nous amènent leus lait, et dir'qu'no deit s'plia !

(Sont'y innocents ces gens-là ! Dans le seau de pisse qui nous amènent le lait, dire qu'on doit obéir !)

Les champs se démolissent, ceux des Bedel et bien d'autres. Vous ôtez ses champs à un paysan et son corps et sa force le lâchent, la guerre détruit tout de l'âme humaine mais aussi de l'humanité. Entre-temps, ils essuient les tirs de DCA, ponctués de faits de guerre : Paul se souvient de ce soldat allongé et ensanglanté sur la route, qui se tord de douleur près du sémaphore. Il semble se débattre contre une force invisible, ses yeux ne voient déjà plus. Les soldats ont eu un accident. Ils ont tapé dans la forge et ont perdu le contrôle de leur véhicule, les obus qu'ils transportent sont éparpillés sur la route. L'enfant fait demi-tour, le risque d'explosion est important. Mais ce jour-là, il a promis à son père d'aller chercher les vaches rapidement. Il passe chez son oncle François, libéré depuis peu puisqu'il a déjà fait la première guerre, et lui demande de l'aide pour chercher ses bêtes en passant par un autre chemin. Lorsqu'ils arrivent tardivement, Paul explique, un peu impressionné, à son père l'accident.

Il lui répond sèchement :

– Paul, c'est pas une raison pour me désobéir et arriver à pas d'heure !

Et là, son frère, l'oncle, se fâche :

– Louis, il est temps que tu comprennes que c'est la guerre. Si ton gars avait forcé le passage, tu aurais commandé un cercueil pour lui à cette heure. Tu ne veux pas voir la réalité en face, mais il est temps, les Allemands sont là, et ça risque de durer longtemps, alors n'enguirlande pas ton gamin, il a fait ce qu'il a pu et t'a ramené les vaches quand même !

Le père ne s'y attend pas, pince ses lèvres et balaie de la main l'air de la pièce comme pour chasser les paroles qui viennent de se dire. Le café est chaud, on n'en parle plus. En temps de guerre, tout est compliqué, toute chose prend une allure dramatique, insoutenable. Même les petits détails martyrisent la vie quotidienne, la moindre contrariété devient insurmontable. La guerre pèse sur les corps et les âmes, des kilos de misères et de frustrations. Et puis il y a le poids des années et les souvenirs d'une guerre 14-18 indigeste. Le père ne veut plus qu'on le contrarie, il aurait voulu que la vie reprenne comme avant, dans la douceur et la paix. Pas question pour lui de confier ceci, ni de se plaindre, ni demander mieux que ce qu'il a, alors il grogne parfois, incapable de dire ses sentiments, hermétique aux émotions parce qu'il pense qu'avancer à découvert, dévoiler son intérieur, ses sentiments, est dangereux. Un homme comme lui reste un mystère pour ses proches et, par prudence, il incarne la force et la sagesse. Il est les pas dans lesquels ses enfants vont marcher après lui. Ses pas sont droits, bien droits, ils restaurent l'empreinte et la trace des aïeux. Un pas fragile, frêle et sensible n'apporterait ni la force ni l'honneur. Louis Bedel est une tranchée de sol, ferme et tendue, dans laquelle on peut semer avec confiance, elle se referme sur ses graines pour mieux les bonifier.

Le père de Paul se ferme comme une graine, et de l'apparent silence dans lequel il se niche, ce profond engourdissement d'émois dont il se revêt, germent une plante, un modèle pour ceux qui le suivront bien après sa vie. Il extirpe de la terre les récoltes et les cailloux dans un même élan, un même courage, sans jamais se plaindre, sans jamais renoncer.

Il cohabite avec le boucan des patrouilles et celui de cœurs qui se sont éteints lors de la Première Guerre, dans l'immensité de ce que reste finalement la cruauté de l'homme envers l'homme. De la campagne lui viennent des cris et des martèlements de bottes, ces bruits couvrent le battement de son corps. Paul à l'âge adulte, aujourd'hui, sait qu'à cet instant son père peinait à réinvestir la confiance qu'il avait eue en la vie, rien n'est simple lorsque la peur envahit les âmes. En temps de guerre l'homme n'est plus le même, de patient il devient impatient, de doux il s'endurcit. Ces grondements et hurlements durant l'Occupation le plongent dans un bain de terreur d'une vie dont on ne contrôle rien. Des années fragiles comme un flocon de neige posé sur la main, il reste tout et il ne reste rien, le poison ne se dilue pas si facilement. De cette guerre, de ces années perdues, Paul gardera une fragilité, une sensibilité, un puits sans fond d'espérance mais aussi de désespérance, lorsque, à un endroit du globe, un conflit s'annonce de nouveau, mais aussi lorsque des gens en affaires ou pour d'autres raisons sont en désaccord avec lui ou avec la vie.

GÂCHIS

En espérant la fin du conflit, madame Lécrivain quitte « la pointe de la Hague », et la classe, dont l'école est réquisitionnée, se ratatine dans les locaux privés de la nouvelle maîtresse qui s'occupe en même temps de son vieux père et de sa mère, malades. Les enfants n'apprennent plus rien ; constamment appelée et bien qu'inquiète pour eux, elle s'absente fréquemment les laissant à eux-mêmes. L'enseignante ne souhaite pas inscrire Paul pour passer le certificat d'études, il a pris du retard deux années plus tôt lors de sa maladie et la guerre le rend faible et torturé : elle est persuadée qu'il ne l'aura pas. « Elle fait du bruit », ses parents ne cèdent pas, ils l'inscrivent en tant que candidat présenté par ses parents. Paul, trop timide, échoue à l'oral. Pas le temps de redoubler, la ferme l'attend, son destin tout tracé comme un sillon de labour lui tend les bras. Son père connaît sa valeur et sa force, cela suffit pour devenir un bon paysan. Paul a donc supporté l'école, supporté son horrible blouse et ses élastiques à chaussettes pour faire « un âne », selon son expression, pour rien ou presque. À quatorze ans, il se dit qu'il sera un « imbécile qui pense tout seul », dans la joie et dans la liberté. Heureusement, quelques années plus tard, Françoise, sa sœur, sans le savoir le consolera de son échec. Plutôt comme lui bonne élève, au dernier jour du dernier trimestre de sa vie scolaire, elle reçoit son carnet de fin de scolarité. Elle appréhende de montrer son carnet à sa mère car « on pense pour elle ». Au bas du carnet est inscrit : « Françoise peut poursuivre vers le collège. » Une proposition de poursuite de sa scolarité est donc suggérée, nombreuses sont les jeunes filles qui auraient aimé recevoir une telle offre. Elle n'aime pas l'école mais apprend bien. Françoise se tortille de crainte plusieurs jours avant de sortir le carnet de son cartable et de le révéler. Jeanne lit le carnet de sa fille sans un mot puis commente :

– *Et tei ma file, quiqu'tu veur faire ?*

(Et toi ma fille, que veux-tu faire ?)

Françoise, inquiète, répond fermement :

– *J'veur souégni les poules et les lapins ! J'veur restaer ichin ! J'n'veur paé allaer en penssion ! Y'a touot qui m'pllaît ichin !*

(Je veux aller aux poules et aux lapins ! Je veux rester là ! Je ne veux pas aller en pension ! Il y a tout qui me plaît ici.)

Tout lui plaît, tout, les animaux et le travail des champs, les vaches, c'est sa vie, elle ne veut pas quitter la ferme. Son chien la suit partout. Sa vie au grand air la suit partout. Et elle ajoute :

– *Défouir les patates maman, les g'nouos dauns la terr', noz-est si byin d'hors ! Ch'est cha qué j'veurs faire touote ma vie.*

(Déterrer les patates, maman, les genoux dans la terre, on est si bien dehors ! C'est ce que je désire pour ma vie.)

Pour le plus grand bonheur de Paul, sa sœur reste à la ferme avec lui. Son courage, son amour pour la ferme le guérissent de son échec au certificat d'études. C'est bien elle qui a raison, aller aux poules et aux lapins n'est pas compatible avec un diplôme de papier et d'encre, il serait inutile. À partir de ce jour, elle l'accompagne dans les champs, elle apprend la grande terre. Comme lui, ce qu'elle préfère c'est travailler « à genoux », à sarcler, elle s'y trouve « bien », et le « bien » dans ce monde recouvert de si peu de bonté et de simplicité, ce « bien » est largement suffisant pour son avenir. Marie-Jeanne, la petite sœur, leur cuisinière en chef, leur fée du logis, suivra d'ailleurs et restera près d'eux également. Les Bedel sont une famille où l'humilité grandit avec leur courage et leur vieux os ; d'ailleurs, en latin, Paul l'a appris, humilité vient du mot « humus » ! Le terreau ! Leur terreau commun unit leur famille.

DIEU

En 1945, les villages sont entièrement libérés. Leur petit coin de Hague dont le fort caractère se forge à la violence de l'océan, malgré les nombreuses bombes qui l'ont brutalisé, ne s'est pas décroché du continent. Une procession s'organise pour remercier le Seigneur d'avoir été épargnés, devant le tombeau du bienheureux Thomas Hélye, à Biville. On s'agite en tous sens, car depuis des années les routes sont bloquées et les gens ont perdu l'habitude de se voir, même en famille. C'est un grand moment de retrouvailles tout le long du chemin et les larmes coulent à flots. Les gens sont fatigués, épuisés, vidés de leur moelle. Le village de Saint-Germain-des-Vaux attrape les Audervillais, puis c'est au tour de Jobourg, on porte les vieillards et les infirmes. Des cantiques, des chapelets, des prières tout le long de la route s'égrainent au rythme des pas et des grincements des charrettes. Paul, trop faible après ce « Trafalgar », s'installe dans une carriole, il tombe dans les pommes tous les quarts d'heure, sursaute à chaque bruit insolite, il ne marche plus, il boite, le combat l'a estropié de l'intérieur, les hommes se sont tués entre eux. Il n'est pas un jeune homme que l'on brutalise, entre sa maladie et les bombardements, la guerre l'a « mangé de sa substance ».

Mais à quelques kilomètres de Biville, il prend la route à pied, ceux qui le peuvent descendent eux aussi pour marcher. Il attend au bout du chemin plus que de l'espérance, un mélange d'amour et de reconnaissance le secoue. Dieu a dit qu'il serait là et il est là tout près, à portée de ses chants et de ses prières.

Dans ce paysage sans images, Dieu est partout sur sa route, dans sa misère d'enfance, sa misère de corps, sous chaque pierre, dans une coquille d'escargot ; il colore chaque brin d'herbe, chacun des sourires des jeunes filles, chaque rire d'enfant, d'une femme ou, plus rare, d'un homme. Dieu tapit sa douceur sous un pardessus de collines et de vallons, dans cette nature redevenue paisible. Le jeune homme frissonne à cheminer si proche des origines du monde. Devenu une branche, il veut devenir l'arbre. L'église de Biville abritant le tombeau du bienheureux Thomas, n'est plus très loin. Les fleurs jetées par les pèlerins couvrent la route, il marche sur les couleurs du monde. Soudain le paysage se rétrécit, les maisons et même l'air n'ont plus d'importance devant celui pour qui il est venu, qui n'est pas un homme, qui est tout entier un mystère, sans visage ; un amour lui vient de l'intérieur, infini. Pour l'univers, un enfant n'est rien, Paul découvre son importance dans la parole du Christ, en posant ses pas sur cette route fleurie. Dans la hiérarchie des adultes, l'enfant est tout en bas. Pour Dieu, soudain Paul est saisi d'une intuition d'une place égale pour chacun. De cette évidence, il puise la force de son retour, Dieu, ciel et terre, le nez à terre, le nez en l'air : « Laissez venir à moi les petits enfants. »

Tour à tour, très bas et très haut, Dieu est le tout. Son corps est abîmé et fragile mais son esprit grandit, son corps est né ce 15 mars 1930, il assiste à la naissance de son âme ourlée de foi en 1945. Rien ne peut plus l'empêcher, ni une maladie, ni un désespoir, la force divine est là ; il la tient comme il tient l'eau d'un ruisseau entre ses mains, elle ne peut être prisonnière d'un corps. L'esprit ne gagne pas en hauteur, l'esprit, si on en éloigne la vanité et l'orgueil, reste proche de l'innocence des enfants. L'esprit s'approche alors de Dieu pour y puiser la source de la terre. Et Dieu, dans ce paysage de la Hague si beau et sauvage, supplante chaque image de l'endroit. Dieu est le plus grand d'entre tous, il est dans ce qui est beau, mais aussi dans ce qui est laid, l'évidence, le bon sens et le nonsens, éternel, il est le monde dans son entier.

Sa silhouette chétive avance soudain vers le tant d'amour, le plein d'amour. Il marche sans force au départ, d'autres malades comme lui demandent à descendre de leur charrette, les plus jeunes les aident et ils se retrouvent dans une émotion inextricable. Sans larme aucune, soudain ils ont déjà tout pleuré, ils ont déjà tout donné, ils rêvent d'un monde meilleur, d'un monde beau à l'image du sourire de tante Fernande, du sourire d'une sainte. Paul rêve qu'un sourire pareil vienne se perdre par hasard ou par volonté sur la bouche des pères, de son père, qu'il n'y ait plus d'hommes blessés dans les tranchées. Paul en vient à espérer que l'on parle un jour aux enfants. À rêver aux sourires doux comme des baisers de paix.

Il se souvient de cette longue procession en marche, priant, chantant la gloire de Dieu telle cette foule traversant le désert vers la Terre promise. Sa terre, Paul l'a trouvée, il y grandit chaque matin, en prenant sa force contre son pouls. D'un souffle, faible et malade jusqu'à cette date, il se serait éteint ; à partir de la fin de la guerre, en revenant de cette procession, il s'étaye plus fort dans son corps, se cultive à hauteur d'homme, à hauteur de son père, accepte l'âge adulte, accorde son âme avec sa chair. Il décide d'aller vers là où le manque semble plein, plein du manque des artifices de la vie. Dieu est là dans la pureté d'un paysage, d'un champ vierge de cultures ou habité de ruines.

CHAMPS DU PARDON

Les « Dommages d'après-guerre » offrent à son père de récupérer leurs champs pour lesquels on leur fournit des milliers de mètres cubes de terre. Six mille en fait, sur plus d'un mètre de profondeur, mais Louis Bedel n'y vient plus. Il laisse les ronces et les mauvaises herbes les recouvrir, il fait « un trait dessus ». Pour lui le ciment dessous polluerait à jamais les récoltes. Son père, malgré la terre rapportée dans ses champs, les ferme à jamais. Pour lui ils sont morts, l'humus comme on le sait prend une quinzaine d'année à se rétablir. Il râle :

– D'la terre étrangère j'en veux point !

Pendant ce temps, la vie microbienne reprend son cycle, la vie reprend toujours le dessus. Les ronces s'approprient peu à peu leur sol, les orties et les piquets tentent de les envahir. Paul passe parfois près d'eux. Rien à faire, les Allemands semblent toujours là avec leurs machines à tuer, leurs regards à tuer, la guerre « c'est un caillou de trou d'eau », « tu t'y noies ». Les Allemands ont tué leur jeunesse, Paul pense qu'il est né « trop jeune » pour combattre. Ceux qui étaient plus vieux ont eu leur jeunesse bousillée par cinq années d'absence. Il ne se plaint pas mais, « de par tous les bouts où l'on se tourne », elle a tatoué la mémoire, marqué les souvenirs d'une figure démoniaque.

Un jour, il se décide : la seule façon d'oublier ce conflit c'est d'en ôter toutes traces, il retrousse ses manches. Petit à petit il relève les fossés des champs abandonnés, dont le béton, selon son père, pourrit tout. En cachette, le soir ou dans la journée, lorsque le père travaille loin, il œuvre en solitaire. Tranquille en pleine nature, en pleine vie, dans ses champs de guerre bétonnés recouverts par une terre inconnue, devant ses bons soins, la flore revient, elle reprend le dessus. Ces champs de guerre deviennent son rendez-vous presque quotidien avec la paix, il s'y attache comme on s'attache à une personne chérie.

Il reconstruit sans bruit ce qui a été détruit dans le vacarme, comme on relèverait une personne tombée le nez à terre. Paul se plaît à travailler là-bas, tranquille, en ermite retiré du monde. Un petit égard pour son père inconsolable d'avoir perdu ses champs, mais aussi pour l'aider à pardonner. Au calme, de ces étendues de vert on devine toute la pointe de la Manche, ses îles, son horizon, l'ailleurs. À l'heure actuelle, en 2006, ils sont en friche dans l'espoir peut-être qu'un jour un jeune les reprenne. Ces champs lui ont été demandés sept ou huit fois par d'autres agriculteurs, mais Paul attend, il les garde pour un gamin de seize ans qui le suit souvent depuis tout petiot dans ses travaux de ferme. Quand le temps des cultures reviendra, si ce jeune homme décide de les reprendre, qui sait ? Alors, Paul reprendra la faucille pour lui. Ce jeune garçon est à l'école d'agriculture, il n'a pas peur d'avoir « les deux pieds dans la merde comme Paul ». Paul qui a sacrifié ces champs-là, sans les vendre, avec toute son espérance, pour qu'un jeune les reprenne pour son exploitation. Ces champs, celui de La Route, Le Jeannet, Le Clos Costey, La Grande Brèque, La Ganse, La Grande Lande, Les Closets, dans lesquels Paul a grandi son âme et son humanité, le temps parfois d'une grande solitude. Ces champs louangent Dieu, ils offrent l'horizon à portée des yeux, ils ont connu la guerre, ils sont désormais en paix. Ces clos, ces endroits où pousse la nourriture des hommes, Paul Bedel les nomme « les champs du pardon ».

Monos *(dont le mot moine est dérivé) vient du mot uni, uni avec soi-même. Être moine, c'est être uni avec son corps, sa vie terrestre et son âme ! Paul est le fils de l'homme, sa communion inonde de nature les éléments. Sa façon de les vivre et de les respirer se dissout dans l'herbe et l'eau. Paul hume les rires et l'avenir, parce qu'il a pensé, à un moment de guerre, qu'il n'avait plus de chemin pour accueillir ses pas, et qu'il parle une langue qui vient de l'âme, qui analyse et cherche au-delà des mots. Paul est tour à tour feuilles, vitres des maisons, pluie et soleil, recueillant haine et amour, caresses et pincements, petits bruits d'amour et souffles de paix. De cette lumière qui veut s'échapper et rester allumée le plus possible, la plus droite possible, la moins vacillante possible, Paul atteint peu à peu cet amour que l'on nous promet en naissant, l'amour de soi, et il approche l'amour des autres et des choses.*

UN JOUR

Un jour, Paul se dit que peut-être il pourrait vivre plus près de Dieu et rejoindre son Église. Enfant de chœur, sa soutane grandit avec ses anniversaires, il noircit avec elle. Elle passe du rouge-blanc au noir, elle fonce avec son âge. Paul sonne également les cloches, à bout de bras, la petite « pleure » et la grosse tinte à la volée. Les deux cloches sonnent trois sons, s'il peut l'expliquer ainsi, ils composent la mélodie des chrétiens. Le jour du baptême du bateau de sauvetage, durant plus d'une demi-heure, il lance les cloches dans les environs à la force de ses bras, personne pour lui donner un coup de main, tout le monde festoie déjà. Épuisé ensuite, son œuvre accomplie, il profite à peine de la fête ! Paul se rend bien compte de ses limites, il n'est pas une machine.

Toujours présent aux offices, serviteur de l'église, il préfère le mot de sacristain, car un bedeau est payé pour son travail, lui, sert bénévolement sa paroisse. Il a seize ans, il réfléchit à la prêtrise, toutefois deux événements vont changer le cours de son histoire possible : un jour qu'il répond à la messe, il renverse l'eau des burettes dans une pierre creuse, « la crédence », située derrière le fauteuil du célébrant où le prêtre s'assoit. Lorsqu'il s'y installe comme un grand oiseau de cérémonie déployant ses ailes, Paul l'aide à passer les manches de sa chasuble sur les bras du fauteuil.

Un dimanche, l'abbé Marie s'apprête à s'asseoir, mais alors qu'il n'a pas vidé l'eau des burettes, un morceau de son habit sacré s'écrase mollement dans l'eau ; elle est aussitôt absorbée par ce linge si fin et fragile, l'abbé furieux s'en aperçoit, il se lève d'un bond et, sans un mot pour Paul consterné, s'avance vers la sacristie en pleine messe, mais au passage lance au sacristain :

– Je vais me changer, Paul m'a sali ma chasuble !

Le rouge de confusion monte au-delà du corps du sacristain, bien au-delà de sa vie : la chasuble blanche représente la pureté, le vénérable souillé par sa faute ! Il est vraiment mal à l'aise, sa respiration se coupe, il n'a plus de prénom, ni de nom, il ne sait plus « où se mettre ». Peu de temps après, en 1947, son guide spirituel décède.

Il est avec son père dans sa chambre, cette chasuble sera son dernier habit, ce détail le console un peu de son méfait. Lorsqu'il redescend, sa sœur lui demande d'aller sonner le trépas, quatre fois pour un prêtre, et de mettre les flammes dans l'église de son curé : il s'exécute avec beaucoup de chagrin. Malgré son côté dur et exigeant avec lui, l'abbé Marie représente le Christ pour Paul.

Il tire sur la corde ; au bout de la troisième volée, il imagine le chagrin des paroissiens qui tendent l'oreille, quatre fois, l'émotion l'envahit, ils comprennent qu'ils viennent de perdre leur prêtre. Le jour de son enterrement, Paul porte la croix et attend monseigneur Louvard, évêque, qui arrive en retard d'une demi-heure sur l'horaire. Il fait froid, les modestes villageois attendent. Pendant l'office, Paul allume l'encens et il lui vient à l'idée que, comme sacristain, il est seulement là pour se salir les doigts ou pour ne pas être pardonné d'un peu d'eau sur une soutane.

Il chauffe un morceau de charbon sur la flamme d'un cierge, mais son travail s'arrête à cet instant, on ne lui laisse pas présenter l'encensoir au prêtre. Alors qu'il est en train de se diriger vers l'évêque, qu'il a seulement dix-sept ans, le vicaire le lui prend des mains après lui avoir tout bonnement donné un coup d'épaule.

Paul pose donc par terre l'objet sacré. Il se perçoit comme « le petit commis » de cette assemblée, le protocole ce n'est pas « Paul qui allait le changer ». « Salis-toi les pattes, ne t'approche pas d'ailleurs », semble dire cet homme si fier. Il le prend pour le « torche », Paul est donc le torche, le bon à tout faire de l'église. Il a beau être humilié, son amour pour Dieu ne faillit pas, mais il réfléchit et, pendant la messe débitée en latin, il pense à toutes ses années où il a servi cette église, où il a servi son prêtre, le matin, le dimanche, aux vêpres, durant les cérémonies. Il semble être comme le noir du charbon au bout des doigts, sans couleur pour ce clergé de pierre, envahi de protocole et de hiérarchie. Cette église où Dieu finalement n'habite pas complètement et exclusivement. Il habite selon Paul également en toute chose, dans la nature qui l'attend, une église universelle, où l'existence et la nature sont brutes. Là où est la véritable communion, dans ce don aux autres vers lequel il s'abandonne peu à peu. Où chaque être est égal à un autre. Le jour de l'enterrement de l'abbé Marie, il est mis à l'écart. Ce n'est pourtant pas grand-chose, mais il perd sa place, ses convictions dans cette hiérarchie ecclésiastique d'autrefois. Les choses ont bien changé pour les laïques depuis, une plus grande place leur est réservée dans l'église, mais en 1947, lorsqu'il se demande s'il entend l'appel de Dieu, ce « non-événement » le fait réfléchir. Sa maison est sa bible, la maison de Dieu il la cherchera donc dans les églises mais aussi dans le trésor de la nature.

Alors une phrase lui revient : « Que ta volonté soit faite. » Il décide de « peut-être » ne pas devenir prêtre, il se laisse quelques années pour réfléchir, et c'est pour lui plus une intuition qu'une résignation. Il se pressent un autre avenir. La hiérarchie religieuse à cette époque est trop ancrée dans une disparité qui l'effraie. Paul veut rester modeste et petit, tel Thomas Hélye, bienheureux qui, bâton en main, rejoignit les populations les plus pauvres parmi les plus pauvres. Il se dépouilla de tout et de rien pour transmettre le grand amour, le seul amour, la seule espérance aux plus modestes.

Parfois, j'écris des choses fragiles, comme les ailes des libellules, elles frémissent un peu et s'oublient dans l'immensité des mots. Nous n'avons, on le sait, que peu de prise sur notre vie, elle passe comme l'eau dans une main. Nous ne posséderons qu'un bout de la lumière du ciel dans son immensité, l'écho d'une voix, l'immatériel, l'odeur d'une peau, le toucher des cheveux de l'homme ou de la femme que l'on aime, son dernier regard au moment de mourir, le dernier regard qu'on lui offrira en mourant, la confiance que l'on a ou pas en nous-même, la réminiscence d'un beau visage, un rire clair, le souvenir d'une maman douce et rieuse, l'instant de la naissance d'un enfant.

Le reste peut se jeter, on peut jeter le matériel et renoncer aux choses tenant entre nos doigts. Seul un sentiment délivre des greniers du passé, du passé avenir, il ressemble à une heure du jour, à un bonjour, à une bonne nuit quand deux corps se serrent avant de s'endormir. Il vient du fond de l'âme, il pense, on ne peut le dire vraiment, il est mobile et immobile, il laisse des traces de lumière partout où l'on passe. Mais il ne peut dire à lui seul son intensité, car il est humain et a besoin de l'homme pour survivre, il se cheville au corps et à la vie, c'est le grand mot de toujours, il est comme étrange étranger. Ce mot, l'amour, aux lettres de granit, friables un peu sur leurs petits bords, dures en leur milieu, quasiment impénétrable, arrive sans crier gare, il n'est pas toujours partagé au même moment par l'autre. Le cœur au firmament, ce seul mot ne vieillit pas, et ce mot nous fait tenir debout, assis, couché dans nos rêves et dans la réalité. Nous tenons à lui et il nous tient. Il n'est pas même mortel, il n'est pas en vie, il absorbe le tout du rien, il est le rien du tout. Je l'imagine toujours plus grand encore, toujours plus immense, si fort qu'il soulève les étoiles. Ce que l'on gagne dans la vie on le perdra dans la mort, mais ce sentiment qui m'étreint et nous concerne tous écrit ce qui nous manque. Oui l'amour écrit ce qui nous manque.

Paul aime et a aimé, en frôlant seulement le matériel il s'est attaché à l'éternel, cette profondeur a étayé sa vie, comme l'amour ; Paul se consolide sur l'humanité à laquelle il croit, il croit en l'homme. Nous avons apprécié son film Paul dans sa vie, *mais devant tant de sagesse et de solidité, de résistance, d'humour, d'amour, de résignation, de bonté, je me demande jusqu'où sommes-nous prêts à mettre du Paul dans notre vie ?*

UN MATIN D'AMOUR

Alors, un matin, Paul devient un jeune homme, c'est à lui de devenir un chef de famille ; à vingt ans, il y a déjà bien des années qu'il l'a remarquée, elle, elle et pas une autre. Elle jouait là dans la pénombre d'une cour de récréation autrefois, le temps de ses douze ans. Les champs à travailler pour leurs parents les ont éloignés, il ne l'avait plus devant ses yeux d'enfant et soudain elle lui réapparaît en femme. Son souffle gracieux comme la danse des abeilles qui cousent l'air l'interpelle ce jour où ils ont tous deux dix-sept ans. Elle passe devant lui à vélo et lui sourit. Ce sourire investit petit à petit ses jours et ses nuits, dans chaque geste de sa vie, à la montée de la lune dans le ciel, à la tombée du soleil sous la terre, il innove cette douceur immense, cette promesse du bonheur, cette douleur à l'attendre. Lorsqu'il pleut il rie, lorsque la neige recouvre la campagne il cherche l'empreinte de ses pas pour y poser les siens. Avant la messe, il soigne son allure et son aube, vérifie chaque cheveu de sa tête et lorsque, accompagné de M. le curé, il entre près de l'autel, il fait tout pour ne pas croiser ses yeux, tout en la dévorant du regard, à la place qu'elle occupe dans la nef. Il « la regarde par-dessus son épaule ! ».

Elle devient son paysage. « C'est elle », c'est elle que Dieu a choisie pour lui, pour qu'il devienne le plus heureux des hommes près d'elle, pour qu'elle devienne la plus heureuse de toutes près de lui. Amoureux, chaque saison le conforte dans cette grande idée. Toutefois un autre amour, l'amour de Dieu, l'interpelle encore, il hésite et tout se complique. Il ne reçoit pas l'appel dont parle l'abbé Marie, cette évidence qui lui ôterait le doute. Il attend pour s'annoncer à sa bien-aimée, il attend trois ans. Elle, de son côté, tente le rapprochement par de petits moments insensés : elle passe devant chez lui beaucoup plus souvent qu'à l'accoutumée, l'été elle borde ses champs en faisant leur tour à vélo. C'est une danse, un ballet merveilleux, les travaux lui paraissent plus légers, une force inimaginable pousse en lui. Mal habitué, il n'ose pas trop lui rendre ses espérances, il l'esquive pour ne pas lui montrer ses certitudes car il sait que « ce sera elle et pas une autre ». Comme un *innoch'ent*, au lieu d'aller vers elle, il se renfrogne pour méditer, il reste en suspens dans l'atmosphère en attendant cette mélodie du bonheur. Il ne se décide pas à se déclarer, mais surtout, par éducation, par manque de communication avec le père, il n'ose pas en parler à ses parents, c'est plus fort que lui, il n'y arrive pas, annoncer ses sentiments le tétanise. Ici, autrefois, sans l'accord des parents, les amoureux ne peuvent rien, cette résignation les porte nombreux vers des sacrifices effarants. Soumis alors, les jeunes tremblent à l'idée de la réponse négative de leurs anciens, une réponse négative est invivable car elle impose au jeune couple qui se serait formé malgré leur désaccord de vivre dans une errance impensable, sans argent, sans endroit et sans terre pour exercer le seul métier appris, celui de paysan.

Un mariage refusé remet tout en cause : si son père dit non, sans instruction comme il est, il ne donne pas cher de sa peau. Voudra-t-on de lui comme ouvrier à l'arsenal ? C'est moins que certain, il n'a pas obtenu son certificat d'études. Ensuite, ses parents ne le paient pas, pas de salaire, pas un centime ne cliquette dans ses poches. On ne paie pas les enfants qui travaillent pour leurs parents ! Leur non lui ferait trop de peine, et leur oui lui fait peur ; un petit peu trop jeune et désargenté, Paul se décide à attendre trois ans, jusqu'à ses vingt ans. En attendant il aimerait qu'ils le regardent et lui demandent d'où vient toute cette clarté émanant de lui. Il espère ne pas avoir à dire un mot, qu'ils le devinent et aillent vers lui, qu'un miracle se produise ; fermés, alors ils s'ouvriraient à ses projets. Plus le temps passe et plus il comprend qu'ils n'ont pas d'autres projets pour lui que la reprise de la ferme. Son frère aîné est parti de la maison. Il leur appartient en quelque sorte, il le pense sans acrimonie aucune, c'était ainsi pour bon nombre d'entre eux, les jeunes gens du Cotentin. La soumission au bon vouloir des parents est totale, et cette jeune femme rétrécit son paysage en agrandissant son avenir, comme lors de la procession à Biville à la fin de la guerre, lorsqu'il a compris combien Dieu et sa force d'amour peut envahir l'âme et donner du courage au corps. Son projet s'échafaude dans ses rêves, il bâtit un grand avenir pour elle et lui, il la choisit en silence, sans le lui dire à elle ! Il ne sera pas prêtre et décide de se déclarer à son retour du service militaire. Majeur à vingt et un ans, ce sera plus facile pour lui de parler au paternel. Et ce silence va lui coûter très cher, sa détermination, son évidence, son amour vont se distiller pendant son absence. Il ne reçoit ni un oui ni un non d'elle, il ne saura jamais, et aujourd'hui il se demande encore quelle aurait été sa réponse. Parce que ce projet lui paraît tellement évident, il ne lui avoue rien de ses intentions. Il part au service militaire sans crainte que son projet ne se fane, elle l'aime forcément puisqu'il l'aime ! Bientôt, dans dix-huit mois, il le lui dira. Il rêve de ce matin d'amour. Le temps passe dans son souvenir.

En attendant, un tendre matin d'avril, en descendant l'escalier, ses parents sont tous deux à table. Son père est habillé de propre. Il les embrasse puis émiette son pain dans un bol, son grand saladier du petit déjeuner, il le saupoudre de sucre et y verse du lait chaud. L'atmosphère mélancolique s'étend à tous les objets de la pièce, on entend déjà quelques coqs dans la campagne, Paul mange sans appétit mais ne le montre pas, il prend l'air joyeux, l'aventure du départ pour le service militaire le tente et l'impressionne. Louis Bedel, toujours peu loquace, replie son couteau puis sort dehors sans un regard pour lui ni pour sa mère. Sa maman finit de lui préparer sa valise. Elle y ajoute des cuisses de poulet, du jambon « de cheminée » de pays, du pain, de quoi tenir pendant deux ou trois jours. Le jeune homme attrape sa veste. Jeanne Bedel lui tend alors les bras et le pose contre sa poitrine : sa petite maman pleure, sans soubresauts, discrètement, mais elle pleure à fondre son être en entier contre lui. Il tire sa valise vers lui et sort dehors. Son père ne lui laisse pas le temps de le rejoindre et le précède, ils rejoignent le presbytère. L'aube leur sourit vaguement. Paul essaie d'entendre le raz Blanchard, mais il a perdu sa voix et son cœur bat trop fort, ses tempes bourdonnent d'émotion. Monsieur le curé, l'abbé Dorey, a promis :

– J'irai conduire mon sacristain à son service militaire !

Il dit vrai, il les attend en les saluant tous les deux chaleureusement, sa voiture à moteur est sortie du garage. Ils grimpent tous trois à l'intérieur : son père se met devant, il devise de choses et d'autres sans plus se préoccuper du futur appelé. Paul passe les landes de Jobourg avec nostalgie, il regarde une dernière fois la mer, il quitte le Cotentin pour la première fois. La voiture est confortable, la route est goudronnée. Le temps des virées avec monsieur Caignon et monsieur Fauvel s'est évaporé ; il a laissé place à une route égale, glacée, presque trop facile à emprunter. En gare de Cherbourg, il salue de la main l'abbé Dorey qui reste dans la voiture. Louis Bedel descend, prend la valise de son fils et le précède encore. Depuis ce matin, il ne lui a pas dit un mot. Paul repère sa voiture et s'y installe. Louis Bedel, toujours muet, le suit, lui glisse quelques billets dans la main, redescend les marches et rejoint l'abbé Dorey sans même se retourner. Son fils a les yeux fixés sur lui, peut-être pense-t-il à la dernière fois où son père à lui l'a emmené sur ce même quai de gare, lors de la guerre 14-18, avec la crainte cruellement cousue au corps de ne jamais le revoir. Son père avait donc bien laissé sa voix et son sourire dans les tranchées. Il y avait éteint son rire, étranglé son être tout entier, la mort lui avait tenu compagnie durant quatre longues années, et on avait demandé à tous ces jeunes gens devenus des hommes et des pères de taire la vérité jusqu'à ne plus pouvoir en articuler les images et les peines. Qu'avait-il perdu dans cet Est où l'on ne labourait pas les champs de terre mais des champs de cadavres ? Dans une terre stérile où l'on ne plantait plus rien pour la nourriture humaine, dans des champs non de vie et d'amour tendus des filets de brins d'or des laboureurs, mais cloués des bras de l'enfer. Son père, dans cette douleur, survivait dans ce raffut de malheurs et de souvenirs. Il tronçonnait les grands mots de ses émotions et de ses sentiments, mais il était venu quand même l'accompagner, peut-être s'il avait ouvert la bouche aurait-il pleuré ? Paul en tout cas était impressionné et n'était pas loin de s'effondrer, alors en regardant son dos s'éloigner sur le quai, il comprit que ce silence qui escortait sa silhouette fatiguée criait combien il aimait son fils !

AU SERVICE

Durant les cinq heures de trajet pour Paris, Paul fait la connaissance de deux autres jeunes garçons, le voyage passe vite. À l'arrivée à la gare, ils rencontrent tous trois un drôle de bonhomme :

– Les gars, où allez-vous ? Je vais vous conduire !

Habitués à la gentillesse des gens de campagne, les trois « cornichons » lui confient l'adresse de la caserne.

– Suivez-moi, je vous y emmène, ce n'est pas loin !

Ils marchent tous les quatre pendant une demi-heure, soudain l'escroc s'arrête :

– Je vous laisse là, vous prenez deux rues à droite, deux à gauche et vous serez arrivés.

Nos trois gars du Cotentin le regardent interloqués, le voleur en profite pour leur demander une somme d'argent inacceptable. Ils viennent de débarquer là, comme « des couillons », chacun d'entre eux lui donne un billet, car il s'agite et les culpabilise :

– Ici c'est Paris, les bouseux ! On n'a rien sans rien, fallait pas me suivre, toute peine mérite salaire !

Dépouillés, le sale type s'éloignant, ils ont la sagesse de revenir sur leurs pas pour rejoindre la gare du Nord. Une patrouille de leur caserne les attend et ils rejoignent leur « prison » dans un camion bâché. La porte de l'entrée se referme, Paul en a froid dans le dos. Un soldat, les premiers jours, comme il n'a pas son certificat d'étude, lui fait passer tout un tas de tests. Il le fait lire une page d'un livre enfantin et lui dicte deux phrases très simples. D'un tampon, il marque sur le dossier de Paul un « sait lire et écrire » suffisant pour prolonger ses classes. Paul, à cet instant, a honte de ne pas avoir de diplôme. Il tient déjà son journal, comme plus tard il écrira dans ses carnets les événements de ses journées. Sur un carnet beige, on peut lire « carnet de notes appartenant au chasseur Bedel Paul, 16e BCP quartier de Turenne Arras, PDC.

Paquetage complet :

Casque fer et bonnet de police, capote bleue, capote kaki, tenue 44-46, pantalon et veste treillis et tenue de combat, chandail, toile de tente dans sac marron, deux cintres, boîte à savon, brosse, deux sous-vêtements, guêtres courtes, chaussures, trois chemises bleues, chemise kaki, chemisette EP, culotte EP, trois caleçons, trois paires de chaussettes, cravate noir et kaki, neuf mouchoirs, ceinture US, trois serviettes, gamelle, assiette, cuillère, fourchette, quart de bidon, trousse couture, gants de laine, musette, couverture, taie d'oreiller, sac de couchage, un tour de cou, une boîte à graisse pour chaussures.

Départ de Jobourg avec la société des transports départementaux à 14 h 45, arrivée à Cherbourg à 16 h 30, départ par l'express pour Paris à 16 h 50.

Le poids d'entrée de Paul : 67 kg
Le 8 mai 1950 : 55 kg
8 juillet : 58 kg
10 octobre 1950 : 61 kg
28 octobre 1950 : 61 kg
10 juillet 1951 : 63 kg »

Paul maigrit, il fond de douze kilos, il mange mal, ou plus du tout car un événement va plus que lui couper l'appétit. Dans les premiers jours, à la caserne, il reçoit une lettre d'une personne n'étant bien évidemment pas mise au courant de ses sentiments pour sa « petite », pour son amoureuse en secret, son avenir. Cette lettre écrite sur le ton de l'amusement, et de la bonne nouvelle pour le village, annonce les fiançailles de la jeune fille, « elle est embarquée ». Paul perd son amoureuse sans jamais l'avoir gagnée, elle ne deviendra jamais la plus

« heureuse de toutes ». « Son lendemain », son amour a dit oui à un autre et elle ne saura jamais les intentions qu'il avait pour elle. Pendant six mois, malgré ses permissions, il est incapable de rentrer à la maison, son chagrin est trop fort, il lui vient d'un temps immémorial. Battu de l'intérieur, comme si un rouleau lui passait sur le corps et l'âme, il boitille chaque matin jusqu'au soir, habité d'un chagrin d'amour « non déclaré », ne peut se confier à personne. Parfois, la nuit, son sourire le berce encore, les années qu'il n'aura pas auprès d'elle lui viennent. La réalité à la caserne le récupère dans son cycle infernal et l'empêche de trop déprimer, lorsqu'il entend le tocsin il se ressaisit. Il se noie dans l'activité, toutes les corvées lui conviennent et il en redemande... Il a vingt ans, il ne doute pas que son existence sera laborieuse tout autant que son chagrin. Il devient excellent dans tout ce qui est physique, les marches de vingt kilomètres avec des sacs inutiles et lourds sur le dos ne l'effraient pas. Les collègues se plaignent d'avoir mal aux pieds et au dos, le paysan haguais habitué à porter des bottes de foin et des bidons ne souffre jamais de rien, comme tous les fils d'agriculteur. Il pense à « sa petite » ; comment faire pour oublier, sans l'amour le cœur ne bat plus ? La seule solution c'est de se tuer à la tâche, il se jette donc dans l'activité physique, il essaie de ne plus penser. Lors des manœuvres, il apprend le tir et présente les armes, il tourne la tête lorsque son régiment passe près d'un cimetière militaire. Sa compagnie la tourne plusieurs fois par jour ; des morts, des cimetières, il y en a partout. Paul part à Roubaix pour faire un stage de moniteur d'éducation physique, on dit de lui qu'il est « une force de la nature ». Trois semaines plus tard, il rentre dans la nuit pour minuit et pas minuit une, sinon il risque « la cabane », mais personne ne l'attend, il doit dormir par terre dans un dortoir, son lit est pris. Le lendemain, au rapport ! Le chef lui signifie :

– Bedel, vous êtes là ! Vous êtes muté à la compagnie d'accompagnement, vous n'avez plus votre place ici.

Paul est nommé vaguemestre, postier ! Le petit paysan de la Hague, qui n'a pas même son certificat d'études, devient donc facteur et cette promotion le ravit mais l'agace. Dans une caserne, comme un pion on le transbahute de ville en ville, d'ordre en ordre, il n'appartient plus à un village, à un métier. Loin des siens, sa terre lui manque plus encore, l'aurait-il autant aimée s'il ne l'avait pas quittée durant ces longs mois ? Penser à ses petites habitudes, ses tâches immuablement répétitives, le remplit d'une joie profonde, qui vient de l'intérieur. Cette pensée attise une lumière en lui, s'il ne chantait pas faux, il chanterait parfois son credo du paysan, ses chants normands, ses chants de terreux. Il imagine sa mère exactement où il l'a laissée en partant, à la même place, avec le même tablier, la même coiffure, apprenant par courrier que son fils est facteur ! Tout est rassurant dans son là-bas ; ici, d'une minute à l'autre, il ne sait pas à quelle sauce il va être mangé. Cette insécurité le fragilise par moments, mais cette nouvelle affectation est formidable, en dehors de toutes ses espérances. On met à sa disposition deux chevaux, un conducteur et un caisson, il devient le « chef-chef ». Paul occupe un bureau et devient, comme dans ses champs, maître et patron. Il va chercher les mandats, l'argent et le courrier pour les distribuer aux soldats. Que demander de mieux ? Il devient l'apôtre des bonnes nouvelles, le lien entre les familles et leurs fils. Le soir, la solitude, bien souvent dans son étroit bureau, s'empare de lui, son histoire d'amour secrète se dilue un peu avec le temps qui passe, cela fait presque un an qu'il est dans sa caserne. Une nuit, juste avant l'extinction des feux, Paul entend dans la cour du quartier qui mène à son bureau :

– *Coument qu'ch'est-i qué no va s'y prenr'coument qu'no va faire, il est byin tard j'ai eun colis à r'prenre, j'vas l'trachi !*

(Comment est-ce qu'on va s'y prendre, comment allons-nous faire, il est bien tard, j'ai un colis à reprendre, je vais le chercher !)

Dix heures du soir, donc. Il tient le quart de la porte, il vient de reconnaître le patois de chez lui, ouvre la porte d'un coup : deux grands jeunes hommes, aux mains de cultivateurs et aux mines burinées de ceux qui passent leurs jours aux champs, sursautent, Paul leur crie :

– *Vyin t'en ichin tout de suite, qui ch'est-i qu'tu veurs ?*

(Viens-t'en ici tout de suite, qu'est-ce que tu veux ?)

– J'ai un colis qui vient de chez moi dans ce bureau-là, avec des affaires importantes.

Ils se mettent au garde-à-vous, en voyant Paul, les deux soldats se présentent, c'est le règlement. Il les rassure bien vite :

– Ici, si vous voulez, ce soir, on prêche *patouais* (patois) !

Alors, l'un des gars reprend :

– Eh byin v'la, j'ai eun paquet qui vyin dé t'cheu mei dauns chu bureau là, et j'ai dé qué d'importaunt d'dauns !

Les deux gars sont du Rozel, dans le Cotentin ; impressionnés et surpris ils reprennent en français :

– J'ai un colis en attente ici, je sais qu'il est tard !

L'un tend son papier, et Paul va lui chercher son carton :

– Ton colis le voilà, nom de nom !

Ils sont contents. Paul les invite à rester une heure avec lui car cela fait des mois qu'il n'a pas parlé patois. Alors tous y vont de bon train, la météo y passe tout entière, les cultures et les gens inconnus, tout comme les histoires familiales, Paul fait de même et se dévoile un peu.

On parle *patouais* en Cotentin, patois, la langue des gens simples. Les plus âgés, pour la plupart sans instruction, usent de cette langue originale avec une certaine finesse d'esprit, surtout avec « les gens d'la ville ». Quand il la parle, souvent Paul ne sait plus si un mot est en français ou en patois, mais à la tête que font les gens devant lui, il comprend s'il a usé ou non de sa langue maternelle. Le patois puissant résonne dans l'air en prenant sa source dans une profonde grotte, elle roule comme des galets au fond des gorges. On pourrait penser qu'un monstre parfois peut s'en échapper ; les parlers de certains hommes et femmes, penchés sur les berceaux de leurs petits-enfants, font pleurer les nouveau-nés non habitués à cette rude et caverneuse sonorité. Les citadins, seulement ceux à l'esprit simplet, se moquent facilement de cet accent reconnaissable entre tous. À travers ce dédain, c'est le travail manuel qu'ils sous-estiment. En le raillant, sans s'en apercevoir, ils deviennent, au fil du temps, des êtres dépendants à qui la guerre, en leur imposant le ventre vide fait tendre la main vers les « petites gens » aux greniers pleins. En Cotentin, on ne se mélange pas avec n'importe qui, la hiérarchie et la méfiance tiennent les hommes. On est « un miot regardant », c'est-à-dire à la fois un peu suspicieux mais aussi avare de paroles et de tout, surtout avec les inconnus et ceux qui oublient de conduire leur vie d'une façon convenable « dans la religion et l'honneur ».

Paul parle patois et réfléchit en patois, ce jour-là il se rend compte comme ce sentiment d'appartenance grâce « à ce trésor de parlures normandes » est fort. Cet épisode tellement simple, cette rencontre avec des jeunes hommes du Rozel, le conforte dans l'idée que son patois l'étaye comme sa religion, c'est son abri, il est doux à entendre, il signe son échappée vers son pays, il est son lieu intérieur, son chant d'homme extérieur. À des centaines de kilomètres de son nid douillet, l'entendre lui offre une merveilleuse nourriture.

Quelques semaines plus tard, on met un terme à sa joie « de bâiller dans un bureau », fini les petits comptes et le code morse du télégraphe, il est muté à Strasbourg, on le met quelques jours de nouveau dans les rangs. Il a un peu grossi, il a du mal à dérouiller ses muscles, après quelques bonnes courbatures, le corps reprend ses habitudes. Le commandant, atteint d'une lubie subite, le convoque :

– Bedel, faudrait aller faire le ménage chez ma femme, vous mangerez avec nous.

Le soldat a l'impression vraiment qu'on le prend pour le pigeon de service, mais après tout, dans une maison, il sait tout faire :

– Bien mon commandant !

Les premiers jours, le couple se moque de lui car il appelle « souper » le « dîner », « déjeuner » le « petit déjeuner » et « midi » le repas du « déjeuner ». À part cette bizarrerie de langage, il époussette les bibelots de la dame sur lesquels il ne remarque aucune poussière. Des bibelots affreux, selon lui, attendent sagement sur les meubles de se salir. Cette dame possède des petits « machins » de partout, des objets inutiles. Quand on met les pieds dans une maison pareille c'est incroyable ! Souvent d'ailleurs il ne cherche pas même à en comprendre l'utilité. Des vases sans fleurs, des cendriers sans mégots, des chandeliers sans bougies, des statues sans visage de vierge ou de saint. En tout cas, il fait semblant de les bri-

Auderville

Extrait des *Carnets du grand chemin* de Julien Gracq (avec son aimable autorisation).

« La première fois que je visitai la pointe de la Hague, en juin 1945, je vis soudain après Beaumont-Hague, au déclin de la plus belle journée, la brume accourir à moi au ras de l'herbe en flocons de laine galopants qui soudèrent en quelques minutes leur troupeau compact. Les sons de la corne de brume qui servaient de base à mon entrée dans Auderville, invisible et fantomatique, reviennent à mon oreille quand je revois la pointe, qui ce jour-là se dérobait aussi soudainement au regard que sous son voile le visage d'une Orientale surprise. Le hameau du bout du monde, à demi abandonné, montrait encore partout les plâtras et les blessures du débarquement – ensevelie, bâillonnée par le brouillard, il me semblait que se dressaient devant moi toutes les magies protectrices qui défendaient l'approche de l'Ultima Thule. »

Louis Bedel en 1942.

Aimable Poutasse, épouse Bedel, sa grand-mère paternelle.

Pour la photo, Paul, qui venait d'acheter son premier appareil photo, a fait se « r'habiller sa grand-mère dans son dimanche, un jour de tous les jours ». Elle était vraiment contente de poser avec sa coiffe, sa bounette, nouée de noir depuis son veuvage. Un jour, alors qu'elle tricotait dans son fauteuil, Paul est intervenu :

— Y vois-tu bien clair la grand-mère avec tes lunettes ?

— Sûr que oui, sans lunettes j'y verrais r'y (rien).

Alors Paul s'est baissé et a ramassé par terre un des verres brisés !

Sa grand-mère l'amenait à la mer, pêcher des vrelins (bigorneaux) et des fllies (patelles), « elle le traînait à la mer », elle lui a appris « la basse iau » avec patience, avec amour.

Un jour de beau temps, avec Auguste, Paul rejoignait ses champs du pardon pour chercher de l'argile afin de réparer un mur effondré dans leur cour. Ils avaient attelé un bourricot à une carriole. Les deux petits-fils connaissaient bien les petites manies de leur grand-mère, elle aimait, dès qu'elle entendait du bruit venant de la route, sortir de chez elle pour voir qui passait par là. Ils ont soudain eu l'idée de s'allonger à plat ventre dans la carriole. Oh ! Un petit coup de fouet et voilà l'âne qui s'emballe, la grand-mère sort de chez elle toute paniquée, levant les bras au ciel en criant :

— Au secours, au secours, y a personne dans la carriole !

Quand Paul et Auguste se sont relevés, elle ne leur en voulait pas, elle souriait comme à son habitude, cette brave mémère ! En redescendant, ils avaient mis la carriole en surcharge, encore énervés par leur blague, l'âne agité ne tourna pas dans un virage et fonça dans le talus. Il se retrouva plié en deux car les deux bras de la carriole se piquèrent dans le fossé. Ils auraient pu se tuer ! Ils mettront bien une heure à la dégager et c'est calmement et au pas qu'ils rejoignirent la maison sans bien sûr raconter leur journée à quiconque ! Surtout pas aux parents.

Grand-mère maternelle, Emelie Picquot épouse Anquetil.

Grabataire car elle avait fait une mauvaise chute, elle allait chez les uns et les autres de ses enfants, sœur et frère de Jeanne Bedel. Les Allemands à leur arrivée voulaient réquisitionner leur maison « avec vue sur la mer », Louis bedel leur a répondu : « On s'en va mais vous gardez la grand-mère et vous vous occupez d'elle. »

L'officier s'est excusé et est sorti sans plus jamais revenir !

Un après-midi, la famille de Paul rentre dans la salle, la pièce est tout enfumée, la lampe pigeon a craché toute la journée. Au fond, bien sage dans son fauteuil grand-mère les attend en souriant, on ne voit plus que ses dents, ses mains et son visage sont noircis de fumée ! Ils en furent pour un grand éclat de rire, de l'humour comme d'amour elle ne manquait pas.

En juin 1944, en plein bombardement, quand elle est morte, le maire, par égard pour elle, voulait faire un cortège. Louis Bedel, prudent, l'en a empêché, Paul n'est donc pas allé à son enterrement, qui a été rapide car, au-dessus des têtes, les avions alliés menaçaient de lâcher leurs bombes. Ce qu'ils firent quelques heures après.

Grand-père Anquetil a nommé Paul à sa naissance, comme lui, car il se nommait Paul en premier prénom, mais tout le monde l'appelait François. Il est décédé juste après sa naissance, il ne l'a pas connu.

L'abbé Marie, son guide spirituel en 1942.

Photographie prise l'année où il fut libéré d'Allemagne pour avoir déjà fait la Première Guerre mondiale. À son retour, les enfants l'avaient accueilli avec des rondes et des fleurs. Lorsqu'il descendit de sa voiture il portait une capote kaki de soldat. Cela fit un très grand choc à Paul, comme si tous ses repères s'effondraient « d'un seul coup d'un seul ». Qu'un prêtre puisse être soldat et porter un fusil. Heureusement le lendemain revêtu de sa soutane il reprit sa place et donna une messe pour la paix.

En 1945, Paul participait à une corvée de jardin du presbytère, jeune et plus vieux s'y retrouvaient. Le père curé leur fit la surprise après le repas de midi qu'il leur offrait pour les remercier, d'apporter du café avec du sucre. Le vrai sucre avait disparu depuis des années. Deux garnements eurent la mauvaise idée d'inverser le sel et le sucre dans le café des deux plus vieux de l'assemblée, ils avaient une cinquantaine d'années. Oh la bonne tasse ! Gourmands, ils l'avalèrent d'un coup et la recrachèrent aussitôt. Rouge de colère, ils bondirent sur leurs ennemis, si bien que l'abbé Marie dut intervenir pour qu'ils ne s'entre-tuent pas. Dans le jardin, l'après-midi, tout en bêchant, il ne fut question que de sel et de sucre... et de gourmandises que tous espéraient retrouver après la guerre.

Les longs cheveux de Paul du temps où sa maman rêvait qu'il soit une fille.

Le jour de la communion de Françoise, c'est Robert le petit gamin sur le banc
et Marie-Jeanne est à gauche.

Paul est à la baie d'Ecalgrain, un beau dimanche, un grand souvenir pour lui. Ils se sont rassemblés entre jeunes gens et jeunes filles de la région. Le soleil était au rendez-vous des amoureux ce jour-là...

Au régiment au camp de Sissonne en manœuvre.

Paul (à gauche toute) et ses copains chargés de leurs musettes et sacs de tente en manœuvre durant leur service militaire.

Paul et sa plus belle pêche de homard.

Paul, un dimanche, un jour de fête familiale.

Robert, Auguste et Françoise.

Lourdes, « la vierge couronnée ».

Paul a pris cette photographie un jour de grâce, il l'affectionne tout particulièrement. Cette image ancienne représente pour lui la mémoire d'un grand jour de foi, où par les mystères et les incontournables messages sans « paroles » de Dieu il a pris conscience une foi de plus de la réalité d'une présence supérieure « à l'intelligence humaine ».

Françoise dans le petit jardin.

Paul à ses bêtises, il a remonté ses culottes pour ne pas se mouiller le « froc » en attrapant avec son croc un *clopoing* (dormeur). Il est pris en photo par Gilbert, un copain de régiment.

Paul, sa faneuse, et Cocotte, la jument, il fait le beau car une jolie touriste belge le prend en photo, elle lui enverra le cliché avec un mot gentil

Batterie.

Batterie en famille et entre amis. Le copain de Paul, Yves, est à gauche. Lorsqu'ils se croisent dans Auderville, ils se traitent de « vieux », en fait ils ont tous deux le même âge.

Retour de chasse, Paul est fier d'avoir tué des grues. Il les a confondues avec des oies, les grues pourtant sont des oiseaux protégés. « J'suis vraiment un innoch'ent ! mais tout le monde le sait », commente-t-il.

Le chien de chasse « finette ».

Botteleuse à une ficelle.

« Paul et sa tête des grands jours ».

Semailles du blé dans les pas du père.

Moisson dans les champs de l'exploitation de la famille Bedel (année 1970).

Marie-Jeanne trait.

Marie-Jeanne verse son lait « à la suite de la traite ».

Paul a décoré son tracteur pour la Saint-Gilles, leur fête communale.

Défilé de Saint-Gilles, fête communale.

quer car il n'y a rien à y faire. Il annonce les visiteurs à peu près « potablement ». Lorsqu'un étranger, souvent des militaires ou des amies de sa patronne toutes maquillées et habillées comme des sapins de Noël, se présente, il ouvre et referme la porte avec moult « courbettes ».

La dame s'ennuie et parle beaucoup, il sourit sans lui répondre et continue de grossir, tellement mieux nourri qu'à la caserne. Heureusement, la quille arrive et il retrouve son petit monde de maison, de bonheur, son Goury, il redevient ou devient « l'homme du bout » comme il aime à se définir, l'homme du bout du Cotentin, l'homme debout.

Son chagrin d'amour est un peu atténué, son amoureuse volée, idéalisée, s'est évaporée. Il a réfléchi et se trouve bien cornichon de ne pas s'être annoncé à « sa petite » avant son départ. Il se sent coupable et lui pardonne, elle n'a pas pu deviner son amour pour elle. Elle est mariée depuis un an déjà, il ne la croisera jamais plus « dans les yeux ». Longtemps, très longtemps depuis l'école communale il pensait à elle, alors avec la peine, ses espoirs d'elle se diluent, il rumine tout cela, le regret prend le dessus de sa tristesse. Il est parti au régiment, elle est partie, la boucle s'est refermée. Le silence a toujours le dernier mot.

Lors de certaines soirées d'orage, lorsque les murs tremblaient et que la terre bousculée par l'océan remuait les murs en faisant trembler les corps, assis sur les bancs, certains vieillards tenant une étrange histoire de leurs aïeux la racontaient avec amples détails. Ils en rajoutaient à chaque coup de tonnerre, les enfants en avaient les yeux noircis de peur, les femmes se signaient en tentant des « oh, doux Jésus, quelle horreur ! ». Machinalement, elles soutenaient le plat familial, les convives partageaient à cette époque « le plat », sorte de grande soupière au bord un peu relevé, en grès, on mangeait dedans en commun, et pour la soupe rien n'était moins pratique que de ne pas baver partout. Chaque mot des sages semblait faire frémir la tablée.

Le 7 janvier 1700, une heure avant l'aube d'hiver, les habitants d'Auderville virent surgirent du ciel un phénomène céleste incompréhensible. La lune s'effaça d'un seul trait et fut remplacée par une lumière de la taille d'un grand arbre, un tourbillon si éclatant que les coqs se mirent à chanter dans toute la contrée comme s'il faisait jour. Les gens réveillés sortirent précipitamment de leurs maisonnettes et se mirent à prier, tous pensaient au Jugement dernier, à un matin de fin du monde. Les plantes et les gens allaient brûler et le diable lui-même sorti de son enfer venait les chercher pour les ramener dans son antre. Les grandes flammes couraient dans le ciel du nord à l'ouest, de l'est au sud, semblant traverser l'air sans que quiconque ne puisse les arrêter. Selon certains, ce magma immense avait des yeux, il repéra ses proies un long moment, allant et venant de la mer à la terre sans un bruit. Pour d'autres, cette calamité ne savait pas très bien où se poser ; dans tous les cas lorsqu'il tomba, un bruit de démon renversant son chariot fit trembler les maisons d'Auderville et de Saint-Germain-des-Vaux. Les malheureux témoins comprirent que la mer, près de l'île d'Aurigny, avait eu raison de lui. Après un court instant pourtant, il remonta dans une clameur solitaire, lentement sous la forme d'un grand vaisseau dont on pouvait presque distinctement voir les mâts et les voiles. L'océan ensuite, après lui avoir laissé un peu de répit, l'engloutit totalement pour le plus grand soulagement de tous.

De ce matin d'aube infidèle, les malheureux témoins gardèrent une cruelle anxiété, on en parla tout bas, puis un gentilhomme lettré, monsieur de Sennesey, eut la bonne idée de transmettre un rapport à l'Académie des sciences qui, par recoupements au siècle suivant, en donna l'explication : une météorite avait déchiré le ciel et était tombée sur la pointe de la Hague. De bouche-à-oreille cette histoire était parvenue à Paul mais il l'avait oubliée.

SOIRÉE DE FIN DU MONDE

En septembre 1954, un voisin arrive tout affolé, en entrant dans la maison de son ami Louis Bedel, il se reprend, en s'asseyant. Louis vient de terminer son repas et replie d'un geste rapide son couteau en posant la lame sur sa cuisse droite, le couteau se ferme et reprend sa place dans sa poche. L'homme s'assied, l'air inquiet, ses yeux craintifs se promènent sur chacun des meubles de la pièce comme s'ils étaient prêts à lui sauter dessus. Il commence son récit en haletant :

– Sur la route du sémaphore, Louis, je viens de voir comme un vaisseau en flammes, des flammes immenses, un fantôme parce que ensuite tout est parti, sans laisser de trace, ni de cendre, ni d'empreinte, à devenir fou. Il venait à moi, en allongeant des grands traits, des grands bras, comme l'histoire des vieux, de la météorite, la grosse boule de feu du diable dont les vieux nous parlent pendant les veillées !

Le père Bedel prend l'air grave et leurs voix se font de plus en plus faibles. Paul écoute attentivement et se demande bien ce qu'a pu voir cet homme au regard hypnotisé, abasourdi.

– Y'vont se fiche de moi si j'raconte ça, Louis, j'sais pas à qui en parler.

Son ami le croit visiblement, sur sa bouche un pli amer se dessine. L'homme reprend son histoire, son imaginaire restitue et accumule plus encore de détails. La grosse boule de feu a roulé vers lui, son fils était avec lui et pourra confirmer ses dires. Entre rires et larmes, personne ne sait trop bien comment réagir, Jeanne chauffe le café et a déjà sorti le calva pour remonter le bonhomme, le malheureux voisin refuse poliment :

– Pas une goutte, y'diront en plus qu'j'suis soûl alors que je ne bois jamais !

Le père Bedel garde son calme, ne met pas du tout en doute la parole de cet homme, son ami. La presse est friande d'événements étranges, se produisant dans les grands morceaux de campagne désaffectés et peu peuplés. On y observe des objets volants non identifiés. Les paysans dans ces contrées perdues, en marge d'un certain progrès, sont eux-mêmes des ovnis pour les scientifiques et journalistes prétentieux, dont la suffisance, l'affirmation de leur culture intellectuelle supérieure à la leur, empêche souvent ces témoins de se manifester. Quelques semaines passent, on oublie la mésaventure du voisin, comme prévu beaucoup rient de lui ; les Bedel ont pris ces confidences au sérieux.

Le 16 novembre 1954, la journée de Paul s'écoule normalement, ponctuée par les menus travaux. Les jours raccourcissent, le ciel de novembre a cela de particulier : il baisse peu à peu, il s'éteint, pèse sur le dos et le corps, s'affranchit des chaleurs et de la légèreté de l'été. Le temps est couvert, quelques nuages légers chassés par une brise de sud-ouest jouent dans le ciel. Jour de beau temps pour la saison, jour gracieux, il y a du monde à la maison, des étrangers, ce qui est rare, ses parents vivent un peu renfermés sur eux-mêmes.

Ce soir-là, son père partage une collation soupante avec les livreurs de pommes pour le cidre, on écoute les nouvelles des autres villages, ceux du bocage, du bas de la Manche. Sans connaître les gens on réussit à les deviner tant ces producteurs de pommes et leurs ouvriers savent mieux que d'autres raconter les histoires. La bouche pleine, le morceau de pain et de graissin (sorte de rillettes) à peine avalé à l'aide d'une gorgée de cidre, ils poursuivent leurs récits invraisemblables. On tape du poing, on prend l'air sérieux, on s'apitoie sur le sort de malheureux, on en envie d'autres, on moralise le tout et la soirée s'écoule joyeusement. Auguste, le frère aîné de Paul, profite que son père soit bien occupé pour s'éclipser afin d'aller voir sa fiancée. Quant à Paul et Françoise, même si de rire un peu fait le plus grand bien, les préoccupations du travail de tous les jours s'imposent : ils prennent congé.

Ils partent traire là-haut, dans les champs qui jouxtent le bout de la route « du hameau es Landes », pas de voiture à la maison, pas de bruit, en écho de leurs poitrines haletantes, seulement le crissement de la chaîne de leurs deux vélos et le balancement de la remorque bricolée derrière celui de Paul. D'ordinaire, dans les mauvais chemins, ils attellent un petit banneau (que le père a acheté à la vendue de Babin, vente aux enchères à la chandelle d'agriculteurs, les Fouèdre, qui n'ont pas eu d'enfants) à leur bourricot. Mais pour rejoindre les bêtes, la route est belle et en descente, un petit coup de vélo ça vous dégourdit les jambes. Ils pédalent tranquillement, le soleil baisse à l'horizon et l'ombre de la nuit monte peu à peu. En arrivant à la barrière du champ qui donne sur la route, ils sont soulagés de voir d'un coup d'œil que toutes les vaches sont là les unes près des autres à les attendre. Il arrive assez souvent qu'elles soient dispersées vu qu'elles ont vingt-trois vergées à parcourir, dont sept de landes dans lesquelles se trouvent de grosses touffes hautes d'ajoncs épais. Ils mettent parfois assez longtemps pour les trouver, ce qui prolonge tard leur travail. Paul et sa sœur entrent dans le champ avec bidons et seaux. Comme il n'est pas rare, ce soir-là, la vache nommée Electric est en chasse, énervée car prête pour la reproduction. Paul la surnomme Electric car elle gigote tout le temps, elle aurait une prise de courant qu'elle fournirait de la lumière.

Il propose à Françoise :

– Bon, si tu veux, je vais aller au taureau avec !

Il se fait tard, alors ils s'arrangent :

– Tu vas me chasser la vache, redescendre avec moi jusqu'au tournant du feu de la pierre, et puis sans bruit tu vas me quitter et remonter « à traire ».

C'est malin une vache, elle n'apprécie pas qu'on trafique de trop devant elle à l'heure de la traite, elle s'agite vite dans la résonance du jour qui s'assourdit vers la mer. Elles viennent vers eux, chacune essayant de prendre la place de l'autre et de se frotter contre le corps de ceux qui les nourrissent et les traient. Chose dite chose faite, Françoise remonte traire discrètement. Paul met les bras autour du cou d'Electric et lui passe la corde, elle se laisse faire sans broncher. La vache marche bien, ils descendent depuis environ un kilomètre, en arrivant au lieu-dit les Watériaux, c'est-à-dire là où le chemin de la chasse à Percy débouche sur la nationale 13 (de deux chemins distants de deux cents mètres environ l'un de l'autre), Paul se trouve au milieu, entre les deux. La vache s'arrête d'un seul coup, tétanisée. Tout surpris, le jeune paysan râle et se retourne pour lui donner un coup de pied au derrière afin qu'elle continue d'avancer. Si elle avait pu parler elle lui aurait dit qu'elle voyait la même chose que lui. Juste en se retournant, dans le ciel, une petite éclaircie dans la nuée, un scintillement, attire son regard, aimante son attention. Magnétisé en quelque sorte par cette apparition étrange, alors qu'il connaît bien son ciel du bout de la Hague, il se dit que quelque chose ne va pas. À la pointe, les couleurs sont souvent différentes, même étranges, passant du rose au bleu pâle, les dégradés sablonneux s'émoussent peu à peu vers l'île d'Aurigny, les orangés progressivement se noient dans le gris terreux de l'océan, mais ils ne changent pas d'éclat en quelques secondes, ça jamais. De cette éclaircie translucide apparaît un disque jaune pâle virant à l'orange, et au même moment un rayon lumineux blanc, bleuté par endroits, part du centre du cercle et touche terre. Paul s'attend à une explosion, elle ne vient pas, un silence de granit lui tombe dessus. Le rayon, contrairement à l'habitude d'un projecteur comme le phare de Goury, dont le faisceau est étroit au départ et se prolonge en s'élargissant à l'infini, est de la même longueur, il forme un trait bien droit et comme tous les traits s'élance vers l'infini. En quelques secondes la « chose » cesse et disparaît. Cette chose, Paul la situe à sept ou huit mètres de hauteur sur leurs champs, peut-être un peu plus, en arrière de toute façon, dans un triangle : le haut de la route « du hameau es Landes », La Boissellerie et « la barrière de leur champ ». Il lui vient à l'idée d'attacher la vache au poteau devant lui, pour remonter au plus vite avec Françoise, espérant qu'elle n'ait rien vu. Mais, trop bouleversé, il poursuit son chemin. Il a besoin d'y voir un peu clair et pense aussitôt au voisin si troublé par une apparition de lumière insolite sur le chemin du sémaphore. Il tape sur le flanc de la vache, certainement avec beaucoup de force, car la malheureuse avance d'un seul coup de vingt mètres. Il se retourne : tout a disparu. L'ouverture dans les nuages s'est refermée, le ciel est recousu. Il arrive chez les futurs beaux-parents d'Auguste, pour demander le taureau. Sa future belle-sœur lui répond :

– *Gust'va v'nin dauns quiques minutes i l'est d'aveu d's'amins.*

(Auguste va venir dans un quart d'heure, il est avec des amis.)

Il patiente. Les yeux toujours rivés sur le ciel, le temps s'écoule comme de la glu, Paul s'inquiète pour Françoise, laissée seule dans les champs là-haut. Auguste arrive, ils rejoignent le champ du taureau, qui fait son affaire à la vache plus vite que d'habitude, tant mieux ! Il confie la vache à Auguste sans rien lui dire de ses préoccupations, il lui emprunte son vélo et, à toute allure, remonte à en tordre les pédales. En arrivant, à trente mètres plus bas de leur barrière, dans la faible lumière de son phare à dynamo, il aperçoit sa sœur dans la berme, accroupie. La frayeur l'a prise. Elle sanglote, comme perdue, hébétée. Voulant la rassurer et dédramatiser la situation, il lui propose de continuer à traire.

– *Boun, ch'est paé tout cha, no-z-a assaez trannaé, no continue d'trair'!*

(Bon, c'est pas tout ça, assez perdu de temps, on continue de traire !)

Elle se met debout et le suit. Dans le clos, les bidons et les seaux sont près de la barrière. Attentif, il ne trouve pourtant pas le seau de Françoise.

– Où qu'est ton seau ?

Elle lui fait signe de la tête qu'il est resté plus loin. À ce moment, il se décide à accepter la réalité et lui confie :

– *N'éfâoch'pas d'cha qu't'as veu, j'li veu itou !*

(Ne t'en fais pas, ce que tu as vu, je l'ai vu aussi !)

Son seau « comme de juste » est resté à l'endroit où elle l'a laissé, rempli de moitié du lait de la première vache. Plus brave, il continue son investigation :

– Qu'as-tu vu en fait ?

La jeune femme le regarde dans le vague, tend douloureusement son doigt vers une direction :

– *Ch'était lo... et les vaqu'ont toutes déguerpi, o s'sont toutes ensâovées d'eun couop !*

(C'était là... et les vaches sont toutes parties, elles ont disparu d'un coup !)

Elle n'en dira pas plus.

– *Rasure tei no va byin les dénichi !*

(Ne t'en fais pas, on va les retrouver !)

Paul fait le hardi pour la rassurer mais il a froid dans le dos. Très inquiet, il cherche les vaches partout. Françoise le suit juste derrière, n'osant pas marcher à côté de lui. Il découvre deux vaches dans le milieu de la grande brèche et se met à en traire une et Françoise l'autre. Il tire sur les trayons, tire, mais la vache n'a pas de lait, la seconde en donne le quart des jours ordinaires. Quant aux autres vaches, ils ont beau chercher, elles se sont enfuies dans les piquets, et la nuit est tombée. Enfilées sous les ajoncs très hauts à cette époque de l'année, ils n'ont aucune espérance de les en faire sortir. Les deux jeunes gens prennent le chemin du retour à vélo, ça gargouille dur dans le ventre, ils pédalent sans entrain munis de leurs malheureux seaux de lait asséchés et du vélo d'Auguste grimpé sur la minuscule remorque. En arrivant à la maison, ils se taisent et écrèment le peu de lait rapporté. Les veaux ce soir-là « se font ceinture », ils boivent de l'eau additionnée d'une goutte de lait dedans, ils grognent ! La maman suspicieuse s'interroge :

– *Qui qui ount les viâos à gueulaer coume cha ?*

(Qu'est-ce qu'ils ont les veaux à gueuler comme ça ?)

Partis à la soupe, l'appétit ne leur vient guère, Françoise et Paul se recroquevillent vers leur assiette, Françoise n'a pas faim, le lendemain pas mieux non plus. Alors, il a bien fallu causer, se taire leur pèse trop. Les parents ne se moquent pas et écoutent le récit avec intelligence. Mais cela fait trop pour ne rien dire : le voisin, son fils, ses enfants, le père Bedel se décident à en parler au maire. Alors la nouvelle se répand comme boule de neige. On veut comprendre, savoir si d'autres ont vu « la chose ». Mais personne n'a rien vu. Les jours suivants les gens se fichent d'eux, on les traite d'*innoch'ents*, de dégénérés, d'imbéciles... Les plus grosses moqueries du canton semblent se rejoindre et s'amalgamer vers leur foyer. Accusés d'inventer des phénomènes inexistants, Françoise et lui sont les seuls à avoir vu quelque chose ce soir-là, il est difficile pour eux de répondre aux attaques :

– On ne vous souhaite pas de voir un jour ces choses de trop près ! répond Paul, énervé.

Françoise a vu une grosse boule rouge orange près d'elle, elle se rappelle du rayon lumineux, puis plus de vache tout d'un coup, la lumière est repartie en direction de la grande lande, soit sud, sud-ouest, et ceci sans bruit, la nature avait éteint le son. Les portes de leur famille, devant tant de méchanceté, se ferment aux curieux bavards, qui jettent à la figure de Paul dès qu'il sort :

– Alors, Paul, t'as pas ramené tes soucoupes avec toi !

Ces phénomènes célestes garderont une part mystérieuse. Paul a regretté qu'un scientifique ne s'intéresse pas à son témoignage, il aurait pu leur expliquer, il aurait peut-être compris. Au lieu de cela, depuis 1954, Françoise et lui gardent un petit émoi, quelque chose au fond d'eux, se rapportant à la crainte que cette bizarrerie revienne les hanter quelques secondes et se plante dans leurs souvenirs toute une vie. Dans le journal, des manifestations étranges semblables furent relatées, souvent par de pauvres paysans sans instruction scolaire supérieure, comme eux deux. Depuis, Paul ne laisse plus jamais sa sœur seule dans les champs, ils vont toujours à deux traire, surtout les jours d'orage. Le monde, Paul le comprend avant tout comme un monde « extraterrestre », bien plus étendu que la terre, tout comme lui paysan qui refuse un certain progrès mais devenu pour certains un extraterrestre ! Paul ne croit pas en d'autres êtres semblables aux hommes, mais il pense possible qu'un monde existe au-delà de la terre, dans cette immensité. La terre n'est pas le centre, elle n'est qu'une petite partie. Le ciel n'est pas bleu, ce n'est qu'une illusion, la lumière reflète l'air transparent et lui offre des couleurs. Tout est mystère, illusion, tout est ressenti, sentiment, émotion. L'univers abrite « une intelligence qui n'a rien du genre humain », une intelligence supérieure. Quelque chose de « pas normal », selon Paul. On cherche, les chercheurs cherchent, mais on ne sait pas. Paul sera toujours « le même imbécile » qui essaie de comprendre, et quand il n'y a rien à comprendre, il y a juste à écouter et ressentir. Ce soir du 16 novembre 1954 restera un mystère, une ouverture dans les cieux, une petite fenêtre ayant filtré un faisceau étrange, ramenant l'univers de Paul à d'autres dimensions. À cet instant, un phénomène éclaira sa campagne, comme un grand feu artificiel dans l'invisible clairière du ciel, dans la transparence de son existence modeste et humble. Ce qui donne la force de Paul, c'est l'absence totale d'un sentiment de honte ou de culpabilité, malgré les dires et les médires. Paul est passionné parce qu'il sait mais aussi parce qu'il ne comprend pas. Il espère un jour avoir l'explication du phénomène qu'il a entrevu.

Nous pensons être cultivés et lumineux, mais dans notre vie poussent des mauvaises herbes, elles nous étouffent, parfois nous les arrachons et en œuvrant trop vite sans faire attention, nous détruisons parfois de belles fleurs. Je vais sur le chemin de terre dans la campagne vers l'avenir, les herbes se couchent et se redressent, qui sommes-nous à part des humains que la bonté étreint ? Paul a choisi, par habitude, par bon sens et parce qu'on ne lui a pas appris autrement, de continuer à labourer l'horizon comme ses ancêtres. Chacun de nous naît avec un fragment de solitude, le lot de tous, un embrun de vide, une pluie fine à devenir. Parfois dans ce silence, on secoue le destin, on décide de suivre un grand mouvement nous donnant ce souffle coupé, avant de se connaître le cœur et par cœur. Nous avons une vie inconnue à apprendre et à innover ; Paul en filigrane assemble les existences passées de ses ancêtres à la sienne pour ne plus faire qu'un. Les gens morts, disparus, flottent autour de nous, comme nous ils voguent on ne sait où, on ne sait pas s'ils poursuivent ce qu'ils avaient commencé, ils cabotent tout au fond d'un grand néant, celui d'où l'on vient avant de naître sans trop d'écho. Paul pense qu'en respectant ce qui « a été construit » par ses ancêtres, à chaque pelletée de terre, à chaque graine semée, il donne un sens à l'avant et à l'après. Il prolonge, par le biais de la mémoire des gestes et des cultures, l'existence terrestre de ceux qui l'ont précédé.

LA TÊTE AILLEURS

Alors que pas un rhume, pas même une grippe ne l'ont empêché d'aller dans les champs, à cinquante-huit ans le père de Paul tombe malade. Il commence par avoir mal au cœur, puis les brûlures gastriques l'envahissent petit à petit comme l'aube sur la mer, implacablement, sans jamais plus cesser ensuite. Lorsque le cancer accroche ses pattes quelque part, il s'approprie ce qui est vivant et chaud dans un corps. Le cancer le prend au pylore, « on choisit pas », certes, mais le fait de moins manger réduit ses forces rapidement. Un autre souci intervient, ses parents n'ont pas souscrit à l'assurance maladie mais seulement à la retraite. Chaque visite du médecin, chaque radio sont payées avec l'argent du blé et des bêtes. Paul ne se rend pas tout à fait compte de son état, il a la tête ailleurs, dans la pleine force de l'âge. L'envie de devenir prêtre ne réveille plus ses jours et une nouvelle fois il tombe amoureux. Il l'a rencontrée à un mariage, elle est agricultrice, semble forte et solide, et surtout elle est la gaieté même. Elle a en elle une lumière de vivre impressionnante, lui qui est si réservé. Généreuse, elle ne vit pas dans un carcan de sévérité et de silence, elle n'est pas Normande, c'est peut-être pour cela. Elle cache sa vie à près de quatre cents kilomètres de la pointe de la Hague, ce qui la rend plus encore impressionnante, pour lui qui la convoite : elle semble « évoluée ». Paul ne connaît pas même le nom de « bal » tandis qu'elle sait danser, faire la conversation ; toutefois dans ses yeux il y a quelques bribes de fragilité qui siéent aux plus jolies et douces femmes. Paul est pour de bon tout *égalué*, tout ébloui, en français comme en patois ! Il a trente ans depuis le 15 mars, bien décidé à ne pas se comporter une fois encore comme un *vrelin*, un bigorneau. En avril, il se décide à parler au père :

– Papa, j'aimerais fonder une famille avec une jeune femme que j'ai rencontrée.

Comme la maladie du père tourne, Paul se rend bien compte qu'il faut choisir entre prendre la place de son père à la tête de la ferme, ou partir rejoindre sa belle et s'installer avec elle. Son père continue de bêcher son jardin, il lève à peine la tête vers lui. Sans un mot, il enfonce énergiquement sa pelle dans la terre, puis s'en va plus loin, comme fâché. Un petit muret sépare le père et le fils, Louis Bedel a enlevé sa casquette et se gratte la tête, il la remet, puis la retire plusieurs fois. Paul, consterné, a envie de faire les quelques pas qui le séparent maintenant de lui et de sa réponse, mais il reste où il est, incapable d'avancer ou de parler. L'effort est trop grand. Naïf et confiant malgré tout, il espère que son père, le soir, lui dira ce qu'il pense de tout cela. Le jeune paysan a ce sentiment d'avoir dit quelque chose qu'il ne fallait pas dire, il a un peu honte et en même temps, il le faut, il ne peut se taire cette fois. Au souper, il s'aperçoit au regard tendre de sa maman qu'elle est mise au courant, mais personne n'ose dire le premier mot, et la famille s'engouffre durant plusieurs jours dans un silence maussade.

Paul a préparé dans sa pensée une belle lettre d'amour, mais il ne l'écrit pas à sa dulcinée. Le destin se réécrit, elle ne saura jamais qu'il l'aime, qu'il a une pensée pour elle pour fonder une famille. Ils échangent durant plusieurs mois des lettres tendres, amicales, jamais plus. Plus tard, bien plus tard, des années après il apprendra qu'elle s'est mariée après l'avoir attendu et qu'elle a eu de gentils enfants. En attendant, il part voir son père et lui garantit sans cesser son travail :

– Je vais reprendre la ferme et je m'occuperai des autres, c'est ce que j'ai de mieux à faire, je te donne ma parole.

Seulement son père, une nouvelle fois, ne répond pas, il reste quelques minutes debout à regarder le ciel, il semble ému et soulagé à la fois ; Paul aurait tout donné pour qu'il lui dise quelque chose de concret. Quelques jours plus tard, alors qu'ils travaillent à couper les ronces, son père reprend enfin naturellement la conversation où tous deux l'ont laissée, Paul bercé d'espoir se rapproche de lui rapidement, mais il entend :

– On va finir de couper ces ronces-là puis on va curer le ruisseau...

Et c'est tout, pas un mot de plus, pas un de moins, seulement dans ce trop tard, il faut bien choisir et Paul a donné sa parole. Il abandonne son projet de fonder une famille, pour rester et reprendre la ferme, il se sacrifie. La jeune femme ne serait pas venue, « elle est née trop loin », elle a fait sa vie dans sa ferme, Paul Bedel a fait sa vie dans la sienne. Leurs fermes en quelque sorte étaient avant tout leurs familles.

DERNIERS INSTANTS

Son père tombe donc malade en 1954, peu à peu sa famille comprend qu'il a un cancer de l'estomac. À cette époque on ne prononce pas le mot devant le malade, il sera le seul à ne pas connaître ce dont il souffre. Les médecins préfèrent se taire pour ne pas paniquer le patient, pensant ainsi le préserver de mauvaises angoisses. Paul passe ses dernières années à le suivre, à l'aider, à le soutenir. La dernière année, il se repose l'après-midi pour ensuite passer sa nuit « à la belle étoile » à pêcher. Ils tendent des filets à la lune argentée, lorsque aucune lampe n'éclaire mieux que le ciel étoilé le sable venant tout juste d'être caressé par l'eau. Ils marchent dans l'air sombre et si familier. Le temps, une nuit, menace de tourner à la tempête, les doubles journées de Paul aux champs et à la mer le fatiguent, il ne prend pas de temps pour la sieste ! Il ramasse le filet, la pêche est moyenne. Il le cale sur son dos, il pèse lourd car tissé par eux-mêmes en fil de coton. Mouillé, il absorbe deux fois son poids. Paul se transforme donc en mulet. Soudain, son père s'arrête de marcher et même de respirer :

– Entends-tu, Paul, dans la mare ?

Effectivement, il entend des petits clapotis dans l'eau, il ment :

– *Nennin j'entends ryin !*

(Non, j'entends rien !)

Paul tend l'oreille et il perçoit des « clac, clac » assez nets, mais il ne souhaite pas redoubler avec son barda sur le dos, il remonte les galets du « Perret ».

Le père Bedel commande :

– *Va t'en veis c'qué n'o-z-entend boun saung !*

(Va donc voir ce que l'on entend, bon sang !)

Le jeune homme, épuisé, marche résolument. Il se retourne, son père marche dans le sens inverse, il a redoublé. Il le surveille du coin de l'œil, un peu inquiet. Soudain il le voit se baisser, et dans l'ombre de l'océan il aperçoit sa silhouette, il tient une sorte de homard sans pinces entre ses mains et lui fait signe. La curiosité est trop forte, il le rejoint le plus vite qu'il peut en traînant son pauvre corps chargé. Et là son père le regarde avec un sourire comme il ne lui en a jamais vu :

– *Tyins ! veis-tu, cha t'apprendra pour eun âot'coup !*

(Tiens regarde, ça t'apprendra pour une autre fois !)

Il brandit une langouste ; de sa vie, lui comme Paul n'en ont jamais vu ni attrapé, mais de suite ils la reconnaissent. Le filet l'a prise, en le ramenant vers eux elle s'est accrochée aux algues et est restée dans une mare, sa queue tapait dans le clapotis de l'eau. À partager, cette langouste se transforme en « une souris pour cinq chats », mais jamais de sa vie Paul n'a goûté pareille merveille, un délice. Depuis, sa dépouille trône sur leur cheminée, souvent il la regarde et pense au dernier grand bonheur de son père, ce soir de lune pleine, de sable blanchi par l'air de la nuit, où pour la dernière fois il l'a accompagné à la pêche.

DANS LES PAS DU PÈRE

Paul pressent donc un malheur, les économies partent en fumée pour payer le toubib et l'opération. Une sorte de silence lourd comme un morceau de granit entre sa mère et son père plombe les jours, certains regards s'éteignent, d'autres s'évitent. Après maintes paperasseries, Louis reçoit une pension d'invalidité. Toutefois un médecin vient le contrôler alors qu'il se promène dans son jardin : il la lui retire l'accusant « d'être en train de jardiner ». C'est la fin d'la fin, l'inquiétude sur leurs finances grandit.

– Je n'y monterai pas bien des coups ! soupire Jeanne Bedel, lorsque à pas lourds elle monte l'escalier chercher dans la chambre parentale l'argent liquide, « le tas de billets », entreposé dans on ne sait quelle boîte de ferraille à gâteaux secs, cachée dans la grande armoire. Comme d'autres jeunes « restés à la ferme », Paul ignore le montant du magot, on ne parle pas d'argent à la maison, il n'en voit pas la couleur, il n'est pas rémunéré.

Sa mère redescend essoufflée, seule une boursouflure dans la poche de son tablier indique qu'elle vient de puiser dans les économies. Puis sans plus se préoccuper de l'inquiétante ambiance, elle se met à préparer le repas. Chez eux, les Bedel, la soupe cuit lentement dans un faitout de fonte pendu à la crémaillère de la cheminée, on ne mouline pas les légumes, ils gardent leurs couleurs en s'imprégnant du goût des autres. Jeanne y ajoute parfois un petit pot de graisse qu'elle a filtrée : du gras de rognons de bœuf et de saindoux mitonné au moins six heures dans un bouillon de carottes, poireaux, oignons, et un bouquet garni, de l'ail lorsqu'on en trouve. Cette graisse remplace la viande du soir et rend l'ensemble moelleux, presque sucré. Épaisse, plus épaisse qu'un brouillard, cette scène au souper paraît inimaginable, impensable. On connaît cette vérité depuis la nuit des temps, en mauvais élève Paul ne veut pas comprendre. Car plus lentement qu'à l'habitude, son père mange trop doucement, mâche au ralenti, sans un mot de plus comme à l'ordinaire, mais avec des bruits de corps qui traîne, un corps vieilli sans être vieux, il n'arrive plus à mastiquer, c'est « le commencement de la fin ». Ce soir-là, sa femme, après lui avoir remis l'argent qu'il range aussitôt dans son portefeuille, s'avance en prenant un air détaché et lui prend son assiette. Énergiquement, elle passe ses légumes dans le moulin à main avant de la lui rendre. Un long soupir fuse entre ses lèvres, soulagé de ne pas avoir eu à le lui demander. Louis Bedel boit la soupe moulinée au lieu de la manger, comme il l'avait fait depuis toujours, croquant, dégustant longuement chaque morceau. Il essuie avec sa manche la salive à la commissure de ses lèvres et s'approche du feu. Il a le plus grand mal à se tenir devant l'âtre, lui qui soigne tant son allure, se force à se redresser. Il semble vouloir ignorer le chagrin qui aveugle sa famille, et à la lueur de la clarté du foyer, un sentiment d'immunité par moments le traverse. Au travers de la lampe gracile de la cuisine, il fixe son fils, Paul, comme s'il l'avait toujours connu, avait su qui il était, et cela même bien avant sa naissance, et ce regard souffle une évidence à ce jeune agriculteur : son père va mourir de son cancer, depuis six ans qu'il le tient, depuis six ans qu'il le tenaille, il va partir avec lui, la maladie et le bonhomme vont mourir ensemble. Paul va reprendre la ferme, il vient de lui promettre et renoncer à se fiancer, et cela quelque part l'embarrasse tout en le rassurant, sentiment confus d'un père qui se rend compte du sacrifice de son fils pour les siens, mais qui est soulagé de transmettre ce pour quoi il s'est battu toute une vie : quelques lopins de terre dispersés au bout du bout de la Hague, l'amour du travail bien fait, une maison en pierres, des étables, une histoire. Aucun enfant ne peut répondre à ce silence « du temps de la soupe que l'on ne peut plus mâcher », peu importe l'âge que l'on a à cet instant, chacun se retrouve chaussé pieds nus à marcher le long des chemins de la Bible, avec toute l'espérance des mots qui y sont écrits sur la résurrection. Malgré la foi, on tente de fuir quelque chose de la vérité de la vie, on esquive la mort. En regardant son père perdre ses forces, lui viennent des mots et des gestes muets insensés ; Paul désire le prendre dans ses bras, l'appeler son « petit papa », le protéger de toute la force de sa jeunesse, de ses trente ans. Les rôles ne s'inversent pas, il reste son fils jusqu'au bout, avec cette bonne figure et son courage qu'il s'efforce de maintenir pour ne rien montrer de son désarroi. Dans ces moments de l'impuissance face à la maladie, on tient plus encore au mot « ressusciter », chaque souffle de l'être malade que l'on chérit réanime l'espoir d'anciennes conversations au coin du feu, au moment où la part de l'enfance avec cette mort annoncée s'enfuit de soi pour de bon, d'heure en heure, lorsqu'on devient un homme et non plus un fils. Par degrés, à chaque visite du médecin, l'orphelin prend de plus en plus de place en lui. Par étapes, il se rend compte de ce qu'est avant tout un père, son père. Un homme, un paysan, fait de nuits à se relever, malgré la fatigue des os, pour aider une vache à vêler, un corps bâti peu à peu pour lutter contre les frimas de l'hiver et les brouillards de novembre. Ses mains, malgré les doigts restés dans les tranchées de 14, toujours en mouvement coupent, arrachent, sèment, bêchent comme les petits rongeurs des champs creusent les souterrains. Pour lutter il faut peu de chose : une soupe saine et du pain suffisent pour recharger les batteries. Le courage et l'honneur sont essentiels pour affronter la chaleur accablante des travaux d'août, les soirées gelées à traire sous les bouffées de brume froides venues de l'océan, les vapeurs de l'étable, les jours à tout recommencer sans oser le moindre caprice, sans oser se plaindre de ce qui a été fait la veille et l'avant-veille, les mois d'avant, l'année précédente. Un père avec des yeux qui apprivoisent le jour comme l'ombre, d'un seul coup d'œil, guère loquace. Pourtant, sans un mot de lui, à le voir, l'observer et l'attendre, Paul a tout appris de lui.

Le lendemain de ce souper, Louis Bedel souffle à son épouse, d'une façon légèrement autoritaire :

– *Doune-mei eun carri !*

(Donne-moi un *carri* ! (carré de lin dont on se sert pour mettre les graines avant de les semer).)

Jeanne répond sans se laisser faire :

– *T'en as d'jà yein, jé n'vei paé pouorqui qu'en errais besoin d'eun aôt'?*

(T'en as déjà un, je ne vois pas pourquoi je t'en donnerais un autre ?)

– *T'otchcupe-pas, fais ce que j'te dis, doune-mei une pouque !* grommelle-t-il.

(Ne t'occupe pas de ça, fais ce que je te dit, donne-moi une *pouque* (toile de jute) !)

Elle lui en tend une, l'air résigné : elle sort de son armoire un morceau de tissu parfaitement plié, elle pince un peu du « bec » mais sa douceur lui revient lorsqu'elle regarde son fils partir avec lui. D'un geste, le père fait signe à Paul de sortir et, habitué à obéir sans broncher, Paul le suit. Arrivés tous deux au champ des Sept Pierres, il lui lance le morceau de toile sans valeur pour un profane, mais précieux pour un paysan, Paul l'attrape. Son père n'aurait jamais laissé personne semer à sa place, le père depuis des générations sème seul les graines nourrissant sa famille, le temps de transmettre arrive donc. Ils se penchent dans le précieux sac à l'entrée du champ où paillettent les pépites de blé. Son père, avec simplicité et évidence, en plongeant sa main épaisse à l'intérieur, ordonne :

– T'en prends pas trop, juste ce qu'il faut, tu y reviendras quand il faudra, sinon tu pèseras trop lourd dans la terre *rémâoquie* (fraîchement remuée) et tu y feras des trous. Je vais semer devant toi et tu te tiendras derrière moi.

L'homme jeune plonge ses mains dans l'or tendre et remplit le nouveau *carri* qu'il a noué lui-même, tremblant à l'idée de mal faire, de ne pas être à la hauteur. Ils regardent tous deux leur beau champ labouré les jours d'avant, entouré de pierres sèches, suffisamment spacieux pour qui soupèse son étendue à son poids de semence. Ils estiment le nombre de ses sillons. Ce champ est comme bien d'autres, assez petit dans ce pays bocageux. Charrué la veille, ils le recouvrent de leur sueur et de leur devenir. Fermement, son père le commande comme l'a fait son propre père avant lui, et ainsi depuis des générations :

– Mon gars, tu sèmes dans mes bottes, je veux sentir les grains taper sur le caoutchouc, tu me suis et tu tapes à cette hauteur entre le mollet et la cheville.

Paul l'a épié autrefois, mais cependant rien n'est moins facile que de comprendre la bonne quantité de grains à prendre dans ses mains. Les grains martèlent à chacune des poignées les bottes du père ; les pas du père, le soleil se diffuse sur le blé, impressionné, le souffle coupé d'émotion, Paul ne quitte plus « les pas du père » qui se fondent dans les siens. Il marche dans les pas du père. Les jours d'avant, il lui a fait la promesse de reprendre la terre et la ferme, de prendre soin de ses sœurs, de sa mère et de son petit frère. En semant il s'efforce de ne plus penser à une autre vie, il se concentre sur celle qui l'attend maintenant. Il tente d'oublier cette existence entraperçue à laquelle il vient de renoncer : la promesse d'une femme chérie et aimée, des enfants qu'elle lui aurait donnés, à jamais s'évanouissent. Après cette cérémonie, cette danse délicate comme un feu de Saint-Jean, les plans vont naître et vivre. Ce qu'il lui transmet vaut la richesse du monde, il lui offre le grenier à céréales de sa famille. Le fils aîné est installé et marié, il a choisi de travailler aux PTT ; comme fils cadet, on compte sur lui, sur cette transmission, pour survivre. La vie est un lit de roses parsemé de pétales et d'épines. Nous semons l'éternité, tout repousse, se perpétue, la vie comme la mort, on sème, on récolte, on avance. Plus on avance, plus on se rapproche du jour où il faut à son tour transmettre, plus les souvenirs s'épaississent, plus l'avenir se rétrécit à chaque pas. La confiance mène son père ce jour-là, de la résurrection de la terre à sa résurrection par la passation de son geste. Il sème les graines et l'océan juste en face les emmitoufle de clapotis et de ronronnements familiers, le ciel les observe qui semble alors ouvrir un petit carreau de bonheur, de ciel bleu, les plongeant dans la sérénité.

Toutefois, dans la tête de Paul, même s'il se concentre, « ça fait du boucan ». Des affaires de ses parents, il n'y connaît rien, rien de la gestion de la ferme, des papiers, des carnets de comptes noircis par les années, usés par les seuls doigts du paternel, griffonnés de son crayon de bois, posés sur la table, que nul n'a jamais osé ouvrir et tenter de comprendre. Soudain Paul doute de lui, de ses capacités. Trois mois après, impatient, il vient voir le grain avec son père, qui est déjà accroupi et caresse les pousses tendres ; tout en regardant le ciel, il lui sourit, rassuré :

– Tu vois Paul, tu sais semer !

Cette phrase retentit dans son cœur de jeune homme comme une des plus belles que son père ait pu lui révéler. Dans les pas du père, Paul sait semer !

Un matin, à sa demande, il va chercher le prêtre très tôt, vers cinq heures et demie, pour que son père reçoive les derniers sacrements. Puis un jour est arraché au calendrier, son père meurt à la maison dans le lit qui l'avait vu naître, les laissant, lui, Auguste, ses deux sœurs et son petit frère de treize ans, bien démunis et tristes. Louis Bedel disparaît sans jamais avoir monté sur un tracteur. Un lit en arrêt, une chaise vide, des draps aux initiales de jeune fille, une armoire illuminée d'un siècle de méditation, telle est la chambre qui recueille ses derniers instants. Vient la messe de son inhumation ; en tant que sacristain, Paul s'occupe de la cérémonie mais aurait aimé pour cette fois qu'une personne le remplace et seulement pour cette fois-ci. Pendant la cérémonie, chaque mot, comme un vase en cristal qui se brise sur le sol sous le regard accablé de sa mère, l'asphyxie de larmes ternies par la tâche qui lui incombe désormais : reprendre la ferme, protéger les siens du besoin, envoyer son petit frère aux études, tenir ses promesses faites au père.

Les choses de la vie qu'il pense connaître lui paraissent se recouvrir d'un mystère indéchiffrable, insurmontable. Il y a bien trop d'étoiles pour choisir celle qui le protègera ; sans perdre de temps, il retrousse ses manches, réveille, enterre, en même temps que son père, son passé et son avenir d'amour entrevu, pour permettre à son destin d'avancer.

Jeune, je ne partais pas en vacances. Mon père emmenait sa petite famille aux Treize Vents où il jardinait un petit lopin de terre, aménagé en terrasse sur les hauteurs des falaises brunes et austères de ce côté d'Herquemoulin. Le potager donnait sur les baies de Vauville à Siouville, laissant l'horizon se poursuivre jusqu'aux îles. Nous y passions de longues journées et certains de nos week-ends. J'allais chercher l'eau dans un trou, là dans un nid d'herbes descendant la route. Il s'y cachait d'affreux crapauds. À la fin de la journée, par le chemin côtier escarpé et presque inconnu à l'époque, nous rejoignions la baie de Fontenelle où nous allions nous baigner, mes parents et mes deux sœurs, rejoints par nos oncles et tantes. Je n'aimais pas la terre, l'ennui qu'elle apportait, je rêvais de grandes vacances en France, dans une autre région, j'espérais les montagnes et les grands espaces à l'étranger.

Printemps 2007, depuis des années je voyage, l'Amérique, Londres, le Canada, la Hollande, la Suisse, la Croatie, l'Espagne, Venise, la Corse, la France..., un matin d'avril baigne sa lumière embuée de l'été, je me réveille dans le jardin de la maison de Beaumont-Hague, celle de mon enfance. Les herbes, les feuilles se mélangent aux piaillements des oiseaux. La paresse pèse fort sur cette aube du jour. La terre attend les outils et les mains pour éclaircir, balayer les mauvaises herbes aux feuilles trapues et malodorantes dont la racine aspire le sol au point d'y coller comme du ciment. Sur la terrasse du ciel, sous son manteau, à même le sol une coquille d'oisillon s'est écrasée, le jaune a séché. Je devine, au-dessus de la branche, le nid. En ouvrant les yeux sur cette écaille vide, je discerne finalement le plein de mon enfance. Les aboiements des chiens dans la campagne réclament leur butin de tendresse. Depuis longtemps, je sais comme il est bon de cultiver son propre potager, ramasser les légumes et se nourrir du meilleur. Bientôt, comme après chaque vacances, il faut tourner la clé et espérer revenir. Je retourne à Nantes, la ville où j'habite, la ville culturelle que j'ai rêvée, petite. Je ne peux plus choisir entre deux cultures. Je ne rêve que d'une chose : un jour pouvoir racheter le jardin des falaises, mais il n'est pas à vendre. Le jardin de la maison de Beaumont-Hague se referme sous les grands sourires des fleurs, sous les corolles d'aubépines, et mes valises sont remplies de livres que je lis et des manuscrits que j'écris. Les endroits que nous aimons nous récitent ce passage d'une vie à l'autre, d'un moment à l'autre où tout bascule. Je ne suis pas une étrangère ici, je suis revenue dans mon pays que j'ai renié d'ennui dans mon enfance, et là maintenant, je l'aime tellement. Je l'écris et toute sa symphonie, sous les mots de Paul, prend un sens. Je n'en peux plus d'amour pour ses landes et ses grandes baies de sable, ses effluves de vent nouveau, et Paul azure l'air de ses chroniques. En me retournant, en attendant mon retour prévu pour l'été, je suis enfin en paix.

SEMER À L'ABRI DES HAIES

À la Saint-Michel, en septembre, les agriculteurs paient la location de leur terre. Louis Bedel est décédé ce mois-ci. Le père tenait la charrue et les rouages de l'administration, Paul doit donc en quelques jours tout comprendre et faire au mieux pour les intérêts de sa famille. Deux propriétaires ont profité des échéances pour augmenter « d'un kilo de beurre » le prix du fermage, de leur fermage. Les terres se louent toujours suivant le prix du kilo de beurre et à l'hectare. Le jeune fermier leur rend visite, il paie, avec beaucoup de ressentiment contre leur façon de faire. Par politesse, il se tait, mais il n'en pense pas moins. Écœuré, il reporte ce jour-là la visite chez le troisième et dernier fermier, il est réputé pour son intransigeance et sa dureté dans les affaires. Le lendemain, cet homme l'accueille bien froidement mais pas dans le sens attendu, il a à peine ouvert la porte qu'il le rouspète :

– *Quiqu'tu vyins faire ichin ? Je n'veur ryin c't'annaé tu m'paieras l'année qui vyin.*

(Qu'est-ce que tu viens faire ici, je ne veux rien cette année, tu paieras l'an prochain.)

Paul répond crânement :

– J'ai de l'argent, je paie !

– *Ch'est-i seu qu't'as d'l'ergent ? Si tu n'as pus ryin d'man, cha s'ra d'ta fâote pas d'la myine.*

(C'est'y sûr que tu as de l'argent ? Si tu n'as plus rien demain, ce sera ta faute, pas la mienne.)

Ils discutent un petit moment. On ne se méfie pas assez des apparences, on fait confiance à des gens qui n'en sont pas toujours dignes, on se méfie de gens fabuleux. D'ailleurs, quelques jours plus tard, Paul va payer le docteur de Beaumont, il lui doit une grosse somme d'argent, il est venu voir le père presque tous les jours depuis un mois. Le docteur calcule puis lui fait une ristourne importante par rapport à la somme prévue par sa mère, et lui rend donc un billet de cent francs. Paul repart après l'avoir remercié, il marche dans le bourg de Beaumont-Hague lorsque soudain il entend la voix d'une petite femme, elle lui court après, c'est l'épouse du docteur :

– Ben, monsieur Bedel, où vous avez la tête, vous avez fait tomber un billet dans le bureau du docteur !

Elle lui tend un nouveau billet de cent francs, comme il est dans la rue, il le range dans sa *pouquette*, dans sa poche, sans ouvrir son portefeuille, pensant avoir oublié le billet rendu par le docteur. À la maison, il se rend compte qu'elle lui a donné un billet « neuf ». À tout avouer, les Bedel ont vraiment besoin de cet argent, et il loue encore aujourd'hui la bonté de ce couple de médecins devant leur misère. De nombreuses familles autrefois ont arrêté leur exploitation, endettées par le coût de la médecine, n'ayant pas compris l'importance de cotiser à l'assurance maladie. Paul et sa famille, à coup d'huile de coudes, vont tout faire pour honorer la promesse faite au père, mais au prix d'une énorme énergie et de beaucoup de sacrifices. Petit à petit, il réussira à remettre à flot les économies, en ne dépensant rien, en faisant tout lui-même. Mais pour sa mère, ses sœurs et lui-même, prudent, il cotisera.

Des ajoncs ou des fougères, du sureau, des épines et parfois quelques noisetiers, jeunes au départ, que l'on regarde grandir en pensant à leurs fruits plus tard que l'on cassera contre les pierres et dont on se régalera, précieux privilèges offerts de la nature. Des fleurs, hautes et moins hautes, de petites plantes inconnues, un tronc d'arbre moisi, un nid abandonné, chaque haie camoufle, suivant l'ombre qu'elle produit, le vent qu'elle filtre, le soleil qu'elle absorbe, des espèces végétales mêlées. À chaque pas avec le père, Paul a appris le nom des choses et leur place dans l'univers, il se tient près de lui désormais. Il respecte et continue d'entretenir les fossés, avec sa sueur et ses muscles, comme les générations d'hommes qui les ont protégés, entretenus. Son père « voyait d'avance » en lui donnant la valeur des choses, en déposant dans ses mains une faucille, cet outil tellement simple, façonné pour les cantonniers d'autrefois. Il entretient avec lui ses haies, les « épile ». Il épile leurs toisons veloutées, le manteau de la terre, et y prolonge l'harmonie. La terre extraite du fossé a permis l'édification de la haie, ceci bien avant les démolisseuses : les tronçonneuses bruyantes, dont le tapage envahit les campagnes. Ces tronçonneuses coûtent les voûtes de verdure, les chemins ruraux, les toits d'aubépine, les enceintes de branches, de feuilles et de lierre. Des clôtures électriques sont « repiquées » à leur place, fil de fer dénudant la campagne, symbole glacial du remembrement. Lorsque certains agriculteurs rassemblent leurs petits champs pour en faire de grandes étendues dénudées, déshabillées de leurs haies, ils en chassent les oiseaux, en chassent les hérissons dévoreurs d'insectes, en chassent la faune. Des clôtures électriques surveillent des centaines de laitières broutant l'herbe, non plus quelques bêtes aux robes épanouies attendant avec amour la main de l'homme venant les traire ou les nourrir l'hiver, mais des cuves à lait. D'autres, moins chanceuses encore, sont parquées dans des stabulations sans jamais goûter aux délices de la lumière du jour. En attendant qu'elles ne disparaissent complètement, les haies dans ce paysage bocageux de la Hague délimitent et protègent encore du regard d'autrui les cultures ; beaucoup d'agriculteurs ici connaissent la valeur et la richesse d'une haie pour un champ. C'est une chance, car la première fois que Paul sème seul le résultat est pitoyable !

Il empoigne dans le grenier les grains d'avoine, sélectionnés par ses aïeux, les mêmes depuis des générations. Il transporte le sac avec tout cet espoir qui le fait avancer depuis la mort du père. Il porte en quelque sorte sa famille sur son dos. Pensant avoir compris la leçon du père, il installe son *carri*, regarde l'horizon. Il sème dans un champ plus haut dans les terres, sur la route de Jobourg, à l'abri des regards, derrière ses haies bien hautes. Durant des heures il tente de se souvenir « des pas du père », de la musique des grains frappant contre ses bottes. La solitude lui bat le corps de plein fouet, il est très ému malgré son courage. Il perd rapidement les jets, il les reprend à plusieurs reprises, les pas dans les pas, ses mains dans ses mains. Il a hérité de lui sans plus rien savoir, soudain c'est la panique.

Il est Paul et non Louis Bedel, il aurait dû se mettre à quatre pattes pour semer, car la terre réserve des surprises, elle est pleine de trous ! Les graines atterrissent un peu n'importe où. Sans guide, il a charrué seul les jours d'avant, mais une terre mal préparée accueille moins bien ses graines. Il laisse passer quelques semaines, les grains lèvent, de petits îlots verts, fragiles, se balancent gaiement dans l'air. Des vagues de terre les entourent. C'est une catastrophe. Il attrape la « suée », « reherse », ressème, bricole, comble les blancs et les oublis. Heureusement, le champ bien caché là-haut dissimule ses erreurs, si quelqu'un était venu voir son travail, il se serait fait traiter « de cochon », pas moins, pas pire, et on se serait fichu de lui. Toute l'année comme cela il échoue, tâtonne, reprend, apprend à reconnaître les semailles précieuses mais aussi à préparer convenablement un champ. Son premier champ est un échec, une honte, une source d'inquiétude, un bricolage de pensées et de gestes. Il lui prend beaucoup d'énergie. Si l'on met trop de grains en terre, ils s'étouffent entre eux. Semer comme il faut, juste comme il faut, cela ne s'enseigne pas, c'est un tâtonnement, une réflexion. Les outils ne servent à rien si l'on n'atteint pas une certaine communion avec la nature. Cette communion entre en elle et son semeur, l'investit, le recouvre de son exigence et de sa complexité, puis le remercie, le congratule, le récompense. Paul vit dans une maison, dans un métier, dans un lieu baigné d'embruns, avec l'horizon à perte d'océan et le raz Blanchard. Petit à petit, comme son père, dans ses pas, dans le respect de l'autre père, « Dieu ». Il devient, ou plutôt il choisit de devenir, rien de mieux rien de plus qu'un homme authentique, mais de ceux qui ne laissent pas de souvenirs, d'une lignée d'agriculteurs aux méthodes démodées, de ceux qui cultivent la terre divine dans le respect des anciens, pour qu'elle nourrisse hommes et bêtes. Une terre, sa terre, il la cultive non pas pour la consommation-destruction, mais comme une terre promise, promise au renouvellement. Sa sainte terre. Paul est un temps passé, une conjugaison à l'imparfait et pourtant ses saisons s'égouttent depuis toujours, il ne se souvient pas d'avoir loupé un jour le spectacle, ce regard qu'il porte sur la mer et la terre tout à la fois. Ni maître ni esclave, il organise sa journée suivant le temps. Selon lui, le mauvais temps n'existe pas, le mauvais temps, c'est le temps qui dure trop longtemps !

Entre l'air et la terre, l'herbe et les plantes, ses mains se faufilent, arrachent, plantent, sèment, sélectionnent, jettent, nettoient, fouillent comme un campagnol. Ses saisons s'enrichissent à ses champs. Paul est un homme avant d'être un paysan. Un homme habité par une présence invisible, une solitude, quelque chose d'intime qui le lie à la nature et à Dieu son créateur. Sacristain dans une cathédrale de verdure.

Son premier champ lui sert de leçon, l'avoine y pousse comme une rebelle, sans ordre, sans logique, elle pousse malgré ses sillons sinueux, presque retors, et lui offre une bonne récolte quand même. Cela le rassure, la terre maltraitée semble donc capable du pardon.

NOËL DE NOUVEAU

Petit à petit Paul reprend les responsabilités de la ferme. Toutefois lorsqu'il vend un veau, il donne l'argent à sa mère. Elle monte comme toujours l'escalier jusqu'à sa chambre et range les billets dans sa boîte de gâteaux. Ni lui ni ses sœurs ne remettent en cause le fait de ne pas être rémunérés, ils n'ont besoin de rien. Leur mère les habille lorsque le camion des Magasins Verts passe et les approvisionne, là elle paie. Elle achète à Paul toujours les mêmes vêtements en coton bleu marine et quelques chemisettes à carreaux. Jamais elle ne refuse un achat lorsqu'il le lui demande. Après la mort de son père, ils rejoignent Cherbourg pour les partages et le choix des tuteurs pour le petit frangin. En revenant, Paul passe par le magasin d'électroménager près du tribunal et s'offre un petit poste de radio, comme un cadeau de Noël qu'il n'a plus reçu depuis l'avant-guerre. Il l'écoute ensuite tout le jour, surtout les informations et les émissions culturelles. Paul s'achète donc son premier cadeau. Bien sûr lorsque la télévision arrive dans le Cotentin, il meurt d'envie d'en acheter une, mais la famille manque d'argent et elle économise pour aller à Lourdes. En 1975, un bonhomme de la commune fait la quête pour le denier du culte, il lui propose :

– Mon poste de télévision noir et blanc est foutu. Je sais que ton jeune frère est bricoleur, le veux-tu ?

Le gamin est tout content, il est déjà adulte mais Paul l'appelle le gamin, alors il le lui confie ; il le bricole et le répare. Le téléviseur « crache » en noir et blanc une image grésillante et tiendra bon quatre années. Puis Paul en achète un autre en couleur d'occasion. À cette époque sa maman reste couchée, épuisée par les ans, elle peut ainsi voir la messe télédiffusée le dimanche. « Mais celui-ci craque d'un coup. » La famille réfléchit avec tante Fernande qui, pour la fin de sa vie, habite avec eux, ils gambergent et finalement Paul en achète un tout neuf pour Noël, le premier cadeau de tous depuis avant la guerre. Tante Fernande tente un :

– *Cha coûte chi, no s'en passerait byin d'la télé !*

(Ça coûte cher, on s'en passerait bien de la télé !)

Elle le culpabilise, trouve son achat somptueux. Mais lorsqu'il arrive à la maison, bien installée dans son fauteuil, tante Fernande sera la première à le regarder, ce qui gentiment crée des chamailleries avec sa belle-sœur Jeanne, les seules qu'elles auront toutes deux avant de quitter ce monde l'une après l'autre.

ANTAGONISMES

Dès 1959, « des gens d'ailleurs » viennent explorer les terres et étudient l'endroit. La Hague semble idéale, bordée de courant d'océan et de courants d'air, de vents et d'eau, pour une seconde usine nucléaire. Après celle de Marcoule, on ne peut espérer meilleur emplacement. Le général de Gaulle vient leur rendre visite en 1960. À Cherbourg on lui fait une fête comme jamais Normand n'a organisée. Rassuré, sans dévoiler les projets d'État, il repart avec le sentiment que les Haguais sont des « péquenots » bien sympathiques, sans nul doute peu dangereux, non enclins à la révolte et au soulèvement. Ils ne semblent pas être du genre à se « sortir les boyaux de la tête », à s'inquiéter. Ils se laisseront exproprier, et il a raison. Antagonisme entre la campagne dont les parcelles morcelées ne permettent pas une grande mécanisation et l'industrie « de pointe » des nouvelles technologies implantées « à la pointe », le bout du bout du Cotentin. Les battages se font encore à la main et on fauche à la faux manuelle. Une vergée de terre pour certains d'entre eux, c'est une vache ou deux, une survie. On leur certifie que leur terre est incultivable, impraticable. On leur en offre un bon prix, Paul se dit alors qu'elle doit avoir de la valeur. Leur exploitation passe entre les mailles du filet, les Bedel ne sont pas concernés par l'usine et c'est tant mieux. Leurs champs ont été anéantis pendant la guerre, massacrés pour certains, minés pour d'autres, Paul n'aurait pas survécu à un deuxième séisme. Trois cents hectares sont achetés ou expropriés, cent cinquante exploitations sont concernées. C'est vous dire la petitesse des propriétés. Les petits cultivateurs sont « fichus » et doivent arrêter leur exploitation, les plus grands devant la montée des prix s'en sortent plutôt bien, ils se construisent des pavillons neufs en parpaings dans l'un des champs qui leur reste. D'autant que l'on va embaucher à tour de bras leurs fils et leurs filles à l'usine. Le curé doyen, l'abbé Dorey, se fait le défenseur du nucléaire en les exhortant à accepter « l'usine ». Il écrit des articles dans le journal paroissial *Plein Vent*. L'abbé Dorey l'a accompagné autrefois à la gare pour partir au service militaire, Paul lui fait un peu confiance, l'usine leur amènera des clients, la ferme des Bedel ne vend pas le lait à la laiterie mais vend en direct son beurre et sa crème, les nouveaux habitants seront les bienvenus. Le mot atomique ne dit rien à personne, le mot « terre » et sa valeur c'est autre chose. Les blockhaus allemands de la guerre des landes de Jobourg explosent, les oiseaux se taisent, les mouettes se cachent comme lors de la Seconde Guerre. Les explosions rappellent les bombardements. On pose des questions, on accroche des sirènes sur le toit des mairies afin, en cas d'incident, de les exhorter à l'exode. Et soudain une immense cheminée s'élève, tourmente les nuages, il en sort une fumée jaunâtre sans odeur, mais à la regarder s'exhaler, on sent « comme quelque chose ». Sortie du néant, cette usine s'affole et grossit au fur et à mesure des années. Paul ne la craint pas, non, il souffre pour sa terre, c'est une vache à lait d'un autre type pour ceux qui ne fabriquent pas de beurre, l'ouvrage est grand et les emplois nombreux. Cette destruction de plus de sa terre natale ne l'abat pas. Pendant la guerre, faible et presque mort, il tombait dans les pommes à chaque moment. Là, il fait comme si cette grande excroissance n'existait pas. Tout le monde trouve du travail grâce à elle, elle retient les enfants et maintient une vie dans les villages. L'océan et son sel chassent le tout. De la magnifique baie d'Ecalgrain, on ne la voit pas, de Goury, de chez lui, non plus. Les plus beaux endroits de la Hague ignorent l'usine de retraitement des déchets nucléaires construite sur ses landes sauvages. Les jeunes partent de la région à cause du vent et du temps qu'il fait et qu'il fera, « ça crachine tout le temps », mais ne fuient pas le nucléaire.

L'usine maintiendra ceux qui s'accommodent du vent d'ici, ils resteront à l'infini dans cette immensité recouverte d'embruns. Les Allemands sont repartis et les Haguais sont restés, Paul fait de même avec l'usine : « Elle disparaît, pas lui. » Et puis il n'a jamais vu naître de veaux à deux têtes comme l'affirment certains, il n'a jamais jeté son lait de traite, il n'a jamais été corrompu par la radioactivité et ils sont contrôlés régulièrement. L'usine « ne les touche pas », c'est plus loin, la douleur est plus loin, plus profonde. C'est une destruction de plus, des champs enterrés sous tout ce béton ne serviront plus à faire manger les hommes. Paul pense que l'usine est laide, elle est laideur et progrès à la fois. Du progrès il en faut, en médecine par exemple ; pour le reste, il préfère se taire. Autrefois, en allant à Beaumont-Hague faire des courses, il « tombait » dans la Hague directement, dans les ajoncs, les piquets des grandes landes parfumées. Noyé dans un paysage sauvage et odorant, il avançait sereinement vers sa maison au bruit des sabots des chevaux. Les Allemands ont laissé des monstres de béton, des blockhaus, le béton selon Paul a simplement remplacé l'autre béton, l'homme est parfois violent avec lui-même mais aussi avec la terre qui l'accueille. Paul soupire pour les champs dédiés depuis des millénaires à l'agriculture, offerts à la survivance de l'homme. Cette fois, même avec plusieurs siècles devant lui, il ne pourra les reconstruire. Alors, un peu fatigué, les temps changeant à toute allure, il se décide à acheter son tracteur ! Le plus lent et le plus vieillot possible, mais aussi le plus fidèle d'entre tous.

LE TRACTEUR

Son père est décédé sans connaître le tracteur, mais Paul pense qu'il n'aurait pas dit non, surtout à la fin de sa vie lorsque ses forces le lâchaient. Il n'a pas d'argent pour en acheter un neuf, aussi il part l'acheter d'occasion à Saint-Lô, chez MM. Hervieu et Piot. Il le choisit non pas parce qu'il le préfère à un autre, mais parce qu'il est dans son budget. Petit, maniable, il entrera sans difficulté dans ses champs. Rouge comme tous ceux de sa génération, il n'a pas de capote de protection contre le mauvais temps. Pourvu de gros yeux sympathiques, il semble le regarder, le choisir. L'heureux propriétaire a le cœur léger en rentrant tranquillement, il n'avance pas vite, nous sommes en 1961. Paul s'attache « à cette mécanique » dès le trajet du retour. Son tracteur chante et couine, fait des bruits très caractéristiques. À chaque fois qu'il sera « malade », qu'il aura besoin d'une révision, d'une réparation, il le saura au son qu'il fait : s'il toussote ou crachote. Ils vont si lentement tous deux, Paul a l'impression de conduire à pied son troupeau. Ce n'est pas un ami mais tout comme. Il pense déjà au travail que tous les deux vont abattre. Fini la charrue à cheval, les lourds transports de cailloux et de varech à bras ou à dos d'âne. Fini « Paul le mulet » ! L'homme entrevoit une nouvelle vie plus facile, moins fatigante pour ses os et son corps. Il a trente et un ans, la force de l'âge. Il compte bien le garder cinq à six ans. Avec le travail en plus, la peine en moins, il le remplacera bientôt probablement. Fatigué, après une centaine de kilomètres et fier de montrer son engin à son frère aîné, il s'arrête à Tourlaville où il habite avec sa famille dans un appartement HLM. En arrivant dans le parking, Paul donne un coup de frein et se gare sur plusieurs places. L'engin se cabre comme un cheval. Il est tard, le quartier se réveille, les volets s'ouvrent, les lumières s'allument. Le farceur rie aux éclats en montant l'escalier. Il dîne et dort pour la première fois dans un appartement et en dehors de son lit, et il repart le matin de bonne heure, trop impatient de se mettre à l'ouvrage et de l'essayer. Déjà un attroupement l'attend, des badauds curieux et amusés l'encerclent et l'examinent. Paul le démarre, amusé, et rejoint le pont tournant. Ce serait maintenant, il aurait engendré un bel embouteillage dans Cherbourg ! Il arrive comme un conquérant dans son village et remise son nouveau compagnon pour très vite l'emmener partout avec lui. Tout, alors, devient différent, il faut repenser la façon de faire, la façon de charruer, de tracer les sillons. Et puis il y a le bruit incessant du moteur. L'agriculteur passe de longues heures à travailler la terre, il apprécie tout en lui. Sa mécanique est si simple, ce sont des génies qui l'ont construit, « il ne s'en fait plus des comme cela ». Ils accumulent tous deux les heures des champs. Bien d'autres depuis longtemps l'auraient abandonné dans le coin d'une vieille étable ou d'un champ, comme autrefois on abandonnait parfois les vieux chevaux ou les bœufs en les laissant mourir de faim, lorsqu'ils ne servaient plus à rien. Le sien reste loyal envers lui, il se laisse réparer sans broncher, jamais rien n'est compliqué avec lui. Il ne souffre pas d'une maladie terrifiante, celle de « l'électronique » dont on bourre d'éléments chinois les nouveaux moteurs. Il lui ouvre son cœur et se laisse réparer sans broncher. Il fabrique d'ailleurs lui-même le plus souvent ses pièces de rechange. Le tracteur de Paul a un corps rustique, avec des yeux tout ronds et une grande bouche, comme heureux de travailler libre dans les « clos » de plein vent. Quand on n'a pas, on fait ; Paul n'achète pas de remorque : il la fabrique avec des planches et des roues en bois achetées à un chiffonnier de passage. Son ami Édouard, qui a, depuis la mort du père, toujours l'œil sur lui, l'aide et lui donne de judicieux conseils. Lorsqu'il cesse d'exploiter, il lui offre ses herses et sa remorque, et le convoque :

– J'ai vu, tu travailles « potablement », ton père doit être fier de toi, j'ai du fourbi. Si tu veux, tu t'en vas avec !

Édouard a prodigué la dernière toilette à Louis Bedel à sa mort, avec Paul, il a mis ses mains sur les siennes pour lui fermer les yeux, un lien très fort les unit depuis. Édouard ne possède pas les bonnes ferrailles, les bons montages pour atteler sur le tracteur de Paul ses charrues et accessoires. Paul usine donc les pièces, par boulonnage, par invention. Sur le chemin qui mène à la mer, dans les fortifications en béton allemandes, vestiges du vide et du passé, il entrepose tout ce barda de métal. Un jour, après quelques années de service, il se rend compte que ses roues sont usées, que bientôt son tracteur ne « marchera » plus auprès de lui. Les roues de ce modèle n'existent plus depuis longtemps, alors il transforme ses jantes pour qu'elles puissent accueillir les pneus de sa première voiture, sa Juva, qu'il a gardée et qu'il désosse petit à petit au besoin. Lorsque son tracteur est de nouveau chaussé de neuf, il repart pour une décennie et bien plus, car il est toujours avec lui. Comme son tracteur, il aime le travail des champs qu'il faut sans cesse recommencer. La musique de son moteur devient sa musique. Ses freins stridents accompagnent comme une mélodie son labeur. Sur son tracteur, il travaille, pense, voit, prie, il a vraiment l'impression de vivre.

LES MAOVES C'EST PAS DE LA MÉCANIQUE

Son tracteur et lui ont de grandes amies dans la campagne, Paul les invite à sa fête amicale des labours. Les *maoves*, les mouettes, sont les fiancées de l'océan. Parfois elles s'échappent vers les champs, viennent parler à Paul un langage qu'il ne comprend pas et qu'il déchiffre pourtant. Lorsqu'elles sentent le printemps, au mois de mars, elles reviennent, trompent le ciel pour les champs. Paul se compare à elles dans son champ, en apesanteur durant des heures à gratter la glaise et trier les mauvaises herbes. Avec tout autant de patience qu'elles, il reste à la même place, revenant, retraçant le même sillon avec acharnement. Sous le regard aigu du mauvais temps ou du beau temps, les mouettes l'accompagnent, toujours curieuses de ce qu'il fait. Rien ne les arrête, rien ne les retient, et quand Paul rage contre le vent tenace, elles semblent rire.

Le paysan du Cotentin n'a jamais fait la différence entre mouette et goéland, le second est bien plus gros, qu'importe, sur le sable de Goury, ensemble, elles lui annoncent le lançon. Les mouettes piétinent la terre, bringuebalent leurs corps, font trembler la terre en faisant croire au lançon qu'il pleut pour l'appâter. Le pauvre sort sa tête pour goûter au plaisir de l'eau douce, et elles le « becquent » férocement. Les mouettes au fur et à mesure du charruage procèdent avec les vers de terre comme avec les lançons sur le sable : petites pattes par petites pattes, elles cognent la terre avec leur corps pour en extirper leurs repas. Les vers de terre, en entendant les pattes résonner sur le sol, pensent qu'il pleut « à verse », sortent de leur tunnel et sont picorés. Quand Paul charrue seul, assis sur son tracteur, dans cette solitude de pierres, lorsque les champs paraissent plus grands qu'ils ne sont, dans ce ronron de son tracteur, elles créent une musique unique. Un chant arrive derrière lui, une force, une poussée de bonheur, il entend ses compagnes des champs. Elles discutent, se racontent le monde. Paul se sent moins seul grâce à elles. Les mouettes, volant par dizaines au-dessus d'un champ qu'il sème, en comptant bien l'aimer plus chaque jour, « c'est pas d'la mécanique ! ». Elles font partie de lui, leurs notes allègent le poids de sa besogne et donnent un sens à son difficile labeur. Toujours fières, toujours bien droites malgré les bourrasques et les averses, elles montent haut dans le ciel, les ailes posées contre le vent, elles crayonnent l'air de longues arabesques. À la suite des gros chaluts repus comme des baleines, elles raffolent des restes que les humains leur accordent, les pêcheurs lancent leurs déchets, elles se jettent dessus comme des mortes de faim. Elles ont pourtant l'ensemble à portée de bec mais se contentent du peu. Aux journées de moissons, les paysans tendent leurs filets dans les champs, des pointes de l'aurore aux grandes étendues de crépuscule, les mouettes glaneuses attendent leur départ pour se ruer sur les graines oubliées, les restes que les humains leur accordent. De la première à la dernière de ses récoltes, elles étaient là, elles seront là jusqu'à sa dernière pêche, sa dernière moisson, sa dernière hotte pleine. Les grands oiseaux de mer semblent ne jamais cesser de voler et de vivre, embrassent l'immensité à grands coups de voilures, apprivoisent les hommes, puis parfois disparaissent, étayés par le vent. Sur le miroir de l'océan et des prairies, entre eux et Paul, une mince couche d'invisible les sépare. Ces oiseaux le lient aux îles Anglo-Normandes en face, sur lesquelles ils vont et viennent. Grâce à eux, ces îles rompent leur isolement, et cette presqu'île au squelette de granit accueille un grand concert, une danse, le plus beau des ballets. Les mouettes savent d'où vient la vie, pour elles c'est naturel. Paul Bedel, en déambulant « à pied », le corps lent, camouflé par une balle de foin accrochée à sa fourche dans son dos, le long de ses petits chemins aux toits d'aubépine, a sa petite idée sur la question et il prépare sa réponse.

HARMONIE

Fiers, son frère et lui ont travaillé, agrandi, modifié, réparé des vieilles pétoires abandonnées dans le fond du grenier. Usinées pour pouvoir y mettre des cartouches de 12 et de 14, elles ne sont pas belles, mais elles fonctionnent. Le père n'a pas d'argent pour leur en payer des neuves. Paul part à la chasse avec Auguste, le dimanche, tuer les lapins et les vanneaux que leur mère prépare en ragoût. Aucun bruit ne vient perturber leurs heures à surveiller les champs vidés des cultures, à écraser sous leurs bottes les vieilles touffes. Les fanes craquent sous leurs kilos d'hommes. Dans ces champs nus, la nature s'accélère, on remarque mieux les lapins déboulant à toute vitesse, c'est l'automne, le temps de l'attente. Les yeux baissés, Paul attend la vie, il tue puis ramasse les petits corps chauds ; les petits corps tiédis par la mort se serrent dans la poche de sa veste de chasse. À se promener ainsi dans les champs des autres, il compare où chacun d'entre eux en est par rapport aux mauvaises herbes, à la taille des haies, au débroussaillage, aux ronces, au curage des ruisseaux, au ramassage des pierres arrachées aux murets, à l'entretien des parcelles. Les chasseurs évitent de faire craquer les éléments sous leurs pas pour ne pas se faire entendre des animaux. Mais la chasse, dans ce hasard de silence, reste une exploration humaine où chacun passe des heures à faire attention. En se taisant, en s'enfermant dans le silence, dans le secret de chaque champ, dans le confidentiel de ce qui se voit, chaque parcelle livre ce que vaut son propriétaire paysan, d'après le travail qu'il fournit, espère et obtiendra. On soupèse, on prend la température, les hommes de campagne s'évaluent. Lorsque les cultures sont semées et grandissent, ce genre de visite devient impossible. On se respecte entre agriculteurs, la curiosité n'est pas tolérée, les chasseurs comme les paysans ne sont pas des « voyeurs » mais des penseurs.

En 1962, un jour de semaine, il fait froid, Paul laisse le tracteur en bas du chemin afin de marcher et de se réchauffer dans ce mouvement du corps qui fait du bien, grâce à l'énergie dépensée. S'il reste sur son tracteur, ses muscles se congèlent et le refroidissement dure des heures. Il prend soin de le garer comme il faut. Il déambule dans un froid de canard, mais là c'est plutôt un froid d'oie. Car soudain, quatre oies, dans son ciel du bout de la Hague, rendent le ciel habité par la rareté et la grâce. Paul voit ces magnifiques oiseaux se poser dans son champ. Les oies sont gelées, elles ne bougent plus, à bout de forces, elles se statufient. Le chasseur à l'âme sans pitié remonte à la maison pour chercher son fusil, il en tue une, puis deux, mais les deux autres s'envolent. Au lieu de s'éloigner loin de sa portée, elles reviennent vers lui en confiance. Il ne réfléchit pas et les tue toutes les deux en même temps, épuisées par leur voyage, il profite de leur faiblesse. Il est fier lorsqu'il rentre avec son butin, les oies ont une chair merveilleusement moelleuse et tous vont s'en régaler. Mais après le festin, la culpabilité commence à le titiller. Paul se remémore leur grand vol, le crissement de l'air frôlé par leurs ailes. Posées de fatigue à la recherche du réconfort près de sa haie, elles ont cherché un abri et il les a tuées. Elles venaient chercher un peu de paix, il ne les a pas accueillies. Soudain, peu après les oies, quelques mois après la mort du père, il se pose la question : pourquoi tuer un merle qui siffle, une grive qui appelle, un vanneau qui pose ses pattes pour se reposer, un lapin qui saute de joie dans l'herbe ? « À partir de ce temps-là », il n'a plus voulu tuer. Le père est décédé, sa mort « le réveille » sur la mort, les oiseaux ont besoin de vivre, de chanter pour notre gaieté, pour notre joie. Un oiseau qui chante, chante la vie, le jeune paysan ne remettra donc plus les pieds à la chasse. Depuis, et plus encore qu'autrefois, lorsqu'il regarde les animaux voler au-dessus de lui, il sent la chaleur de leurs plumes, leur regard sur lui. Leur liberté lui annonce le meilleur de la nature, ils épellent les lettres du printemps, les feuilles de l'automne, le renouveau, la renaissance, les grandes pages blanches comme la neige de l'hiver et les dorures de l'été.

UN CORPS COMME UN PAYSAGE

Travaillé, labouré comme la terre, son corps a pris un air crochu telles les haies de la Hague balayées pas les vents de mer. Sa tête, à force de se courber et de regarder le sol, a pris un air penché. Il marche et bringuebale sa silhouette dont le travail de la terre a façonné les os. Évitant de se cogner dans ses bottes, il écarte un peu les pieds. Le sol semble plat, pourtant sous ses semelles, de nombreuses ornières, caillasses ou racines l'obligent à tituber, il danse. Paul n'est pas le maître ici, il en est seulement le passager. Un passager fleuri en surface par sa bonne humeur et ensemencé de foi. Paul a du sang arable en lui, du sang de labourable, fils du sol, des champs, des clos. Son pays : des broussailles, des murets de pierres qui forment ici de petits cantons, de minuscules villages où chaque espèce d'arbre, de feuillu identifie l'endroit où l'on se trouve. L'espace est délimité par des barrières et des haies naturelles, aucune haie ne ressemble à une autre, sauf les électriques ! Selon l'exposition au vent, les graines de plantes et de fleurs s'envolent, transportées par les vents, les oiseaux ou insectes. Ses clos changent d'habit suivant les saisons et les ans. Durant une année l'avoine les recouvre, puis c'est au tour des betteraves, puis des pommes de terre. Paul pratique la diversification des cultures afin de ne pas appauvrir le sol en le saturant des mêmes récoltes, chaque année il le renouvelle. Il entend dans le lointain une vache appelant son veau, les agneaux bêlent durant des heures en soirée, consolés pourtant par leurs mères. Rituels, bruits de campagnes normandes, battements au cœur de la terre et de l'univers, bruissements d'amour de ce qui lui est offert pour poser sa vie. Talus de primevères, moquettes de pâquerettes, il s'émerveille en silence, intrus dans ses champs que dame nature lui prête le temps d'une existence. Et puis il y a la pluie dans le Cotentin, d'un caractère solide. Paul ne fait rien sans elle, elle fait tout sans lui, elle lui tient aux vêtements, à la pensée et aux os. Elle paraît, il s'habitue, peu à peu, il se l'approprie pour ne pas lui donner trop d'importance. Il n'existe pas de manteau de temps, de textile ou de plastique, qui l'empêchent d'en être imprégné, son corps est son buvard et elle ne le dérange pas. Lorsqu'elle est là, Paul fait autre chose, il évite « d'aller trop patouiller dans la boue ». L'eau regorge ici, la mer se répand dans le ciel, se reflète sur la terre dans les petits champs de pâquerettes et quelques coquelicots perdus dans ce bocage. On l'entend ronronner : contre les brins d'herbe elle glisse, s'apesantit et revient sous forme d'un rideau blanc de brouillard qui couvre chaque être vivant, chaque pierre et chaque plante d'un halo de grains liquides et éphémères. Et puis soudain, comme un cadeau, il y a le soleil, l'orge, le blé du ciel. Il s'élève sur une campagne lavée et fraîche. Les odeurs de fougères et de landes montent alors vers Paul, mélangées à l'air salin des embruns. Ce soleil jamais trop violent se pose sur son travail pour quelques heures, quelques jours, puis s'éclipse plusieurs heures ou plusieurs jours, par coquetterie, se faisant à nouveau désirer. Rien ne se prévoit ici, ne se prédit de ce que le ciel voudra bien laisser entrevoir. La pluie lui tient compagnie, Paul lui résiste depuis sa naissance, debout avec ce quelque chose de crochu, crochu comme son paysage. On reconnaît sa démarche de loin, il regarde ses pieds pour savoir où il va. Peu lui importe cet air penché, il ne se voit pas, ce sont les autres qui le voient. « L'homme du bout » trottine dans ce pays. Son être et son corps s'imbibent des éléments naturels : Paul Bedel est un roc, de sable, de sel et de vent, un sacristain de la nature, un homme vrai. À lui seul, son pays se raconte à l'infini, il y a tout sauf des grands bois et des grandes forêts, cette terre aussi rocailleuse que liquide, il la connaît par cœur, il la connaît avec son cœur. Il observe, parfois séchées par l'été, les rares feuilles d'arbres s'élançant comme des papillons de nuit aveuglés par la lumière. Elles balayent le ciel, à bout d'endurance elles atterrissent dans sa courette. Alourdies par la pluie, elles restent plaquées au sol, frémissantes d'épuisement, elles se protègent le plus longtemps qu'elles peuvent, espérant s'envoler de nouveau. Les arbres, il le sait, évitent le bout du Cotentin, méfiants des grands vents et des lierres étouffants. Paul regarde même les feuilles, et d'elles il déduit tant de choses. Ce paysan de la Hague, d'une région à part, n'obéit à aucun maître, à aucune règle, il garde ce côté farouche, indompté et fauve. Il ne suit ni les modes, ni les dires des autres agriculteurs, il continue le travail du père, de son père, calé sur le rythme des saisons. La Hague comme sa terre ne lui appartient pas, elle l'accueille. Parfois le brouillard est de la partie, le brouillard à couper au couteau, « c'est pour chasser les touristes ». Une tenture de sueur et d'eau du monde monte le matin avant midi, s'épaissit, s'épaissit encore. On respire pourtant dedans, on se débat pour poursuivre son chemin. Là, il vaut mieux, sur terre comme sur mer, connaître chaque caillou pour naviguer et retrouver sa route. Parfois le brouillard est même accompagné d'un léger crachin, unique en son genre, il forme une brume sur son visage qui a le goût du sel. Énervé alors, il prévient ses sœurs :

– Bon sang ! V'là qui r'crachine !

Le crachin, c'est pire qu'une bonne averse : il engorge, comme la sève, les os d'humidité et les rhumatismes se réveillent. Le brouillard ne dure pas, rien ne dure d'ailleurs, la vie est un recommencement. Mais les mains à ce rythme s'épaississent, se nervurent, se sillonnent comme la terre. Elles s'agrandissent. Paul a des mains immenses, grandes et musclées comme des rames de barque. Paul a pris des chemins solitaires comme on aime d'amour en secret. Un amour pour la nature comme pour l'homme, il croit en l'humanité avant toute chose, il n'y a que les hommes pour protéger la terre, la respecter. Ce respect se devine dans son regard, un mot doux, son coup d'œil qui reconnaît le vent, qui ressent les embruns, qui ressent sous ses sabots ou ses bottes la colère de l'océan, qui respecte le travail des aînés, des aïeuls. Paul respecte tout autant sa famille que l'arbre généalogique des arbres et des plantes. La vie n'est pas toujours ce que l'on croit ou voit, elle se tient fière un peu partout et autre part, la vie est à son avis « extraterrestre », plus étendue que la terre où l'on marche, comme la chose qu'il a vue en 1954. Tout ne s'explique pas, l'homme qui a « vu et pensé les soucoupes » est lui-même pris pour un ovni par certains collègues agriculteurs, avec ses manières à l'ancienne et sa foi débordante en son père, en ses façons de faire, et en son père divin ; parfois cela agace.

Le mystère ne sort pas du bois noir, le mystère de la vie nous recouvre, comme le vol d'un faucon pèlerin au-dessus de nous, il nous protège. Comme cet oiseau visionnaire, Paul sait que tout retour en arrière est impossible, personne ne pourrait ni ne voudrait vivre comme eux, les Bedel. Paul sait bien que ce n'est pas lui qui commande. Il ne jalouse personne, Paul vit et respire en harmonie avec sa vie.

LE LABOUREUR D'HORIZONS

Sans sonnerie de réveil mais tout à fait réveillé, Paul se lève vers cinq heures du matin, parfois quatre heures. Il ouvre la fenêtre de sa chambre et déjà il entend le raz Blanchard, qui l'informe de la tenue qu'il doit porter. S'il se rajoute un pull ou si un seul suffit. Le raz, quand on l'entend, s'il fait du boucan, le vent apporte la fraîcheur, Paul annonce à la maisonnée :

– J'entends le nord-ouest !

Et tout le monde sait ici ce que cela veut dire, il va faire froid. Si le vent vire au sud, les ondées arrivent. Le raz lui parle, à lui et à bien d'autres dans ce bout du monde. Il a une sonorité bien spécifique suivant la météo. Le raz Blanchard est très, très beau par mer calme. Le courant est visible, presque palpable : une nappe d'huile se déplace recouverte de vaguelettes de plusieurs teintes, échelonnées les unes sur les autres. Ce n'est qu'un reflet du monde, le ciel se miroite dedans. Ses petites vagues acérées semblent blanches et moutonneuses, mais en fait elles sont sombres, de plusieurs couleurs, comme les profondeurs. Bleues d'un bleu qui ne peut se reproduire en peinture, d'un bleu abyssal donné par le mouvement de fond. Sortes de fragments de verre cassé, ces vaguelettes, lambeaux de vent et remous de lune, offrent à nos yeux un aperçu des cavités mystérieuses, secrètes, des rides des centenaires. Un soir au soleil couchant, le long du rivage, Paul charrie du foin, il lève les yeux vers ce courant si violent qu'on le dit le plus puissant d'Europe. Il le fixe un peu par automatisme. Attiré ce jour-là, il va jusqu'aux galets. À cet instant, l'eau court au pied du phare et, dans le couchant, l'eau rosée file : un tableau unique. L'homme est ému et il songe intérieurement :

– Tout est là, pas besoin de plus devant moi et en moi. Ces couleurs, cette vie dessous atteint le dessus, c'est cela vivre aussi, se sentir au plus près du créateur, sentir l'harmonie.

Le raz Blanchard, « ça a à voir avec le vêlage des vaches ». Par grande marée, le courant monte et la vache vêle de pleine mer, au remontant, tandis qu'elle ne vêle jamais en basse mer. Elle vêle généralement deux heures après, à la renverse. Paul comme ses ancêtres ont remarqué cela. Lorsqu'il tend les filets le jour de la lune, qu'une vache est prête à vêler, il revient près d'elle, pendant que la mer commence à remonter. Le raz lui sert d'indice. C'est la nature, la mer, le courant. Le sang de la nature, le pouls de l'univers. Paul est issu d'une lignée d'agriculteurs, une lignée de pas grand-chose, de ceux dont les manches sont toujours retroussées pour gagner leur pain, de ceux qui ne devraient pas laisser de trace après leur mort, de ceux dont on oublie qu'ils nourrissent les ventres depuis des siècles. Il se rend bien compte qu'il est peut-être « à côté de la plaque », ayant choisi pour guides Dieu et le raz Blanchard, mais il vit chevillé à ses choix et sa sincérité. Ce sont des choses qu'on lui a transmises, des observations de bon sens. En tout cas, il a toujours les yeux rivés sur le raz. Il l'entend la nuit, il déboule dans ses rêves et n'en sort jamais. Lorsqu'il l'entend il est certain d'être vivant. Donc, à l'aube, après une bonne toilette au savon de Marseille des pieds à la pointe des cheveux, il descend tranquillement l'escalier pour aller rejoindre son atelier et fabriquer des barrières ; cette activité lui prend des décennies. Les poteaux en bois d'EDF ne servent à personne depuis que l'entreprise a enterré les lignes. Petit à petit, il les découvre abandonnés, il les découpe, les transforme en brouettes, en barrières ou en remorque. Sept heures sonnent. C'est l'heure de la traite, ses sœurs sont levées, ça sent bon le café dans la maison. Le café, il l'apprécie très léger : Paul n'aime pas le pétrole !

Le premier repas du matin, il l'appelle le « déjeuner ». Ce n'est pas comme dans le grand monde où l'on parle de « petit déjeuner », c'est tout un charabia, qui ne sert à rien puisque, ensuite, c'est le « midi » puis le « souper ». Ce premier repas se prépare en amont, bien avant d'entendre le craquement de la croûte de pain sous son couteau : les paysans, les paysannes ont semé, récolté, laissé se reposer la terre avec patience, et ses gestes, son ressenti de paysan l'investissent. « En cas de soleil », il s'oriente pour qu'un rayon atteigne son bol de café au lait chaud, et il émiette du pain sec dedans, il lui en faut près d'un saladier ! Depuis que son père est décédé, il prend des libertés inconcevables au temps du vivant du paternel. Il commence par ajouter à cette pitance un œuf à la coque, puis des *fllies* (patelles) crues, et ses sœurs rouspètent parce qu'il taille ses tartines un peu trop épaisses pour les accompagner de pâté, « quel drôle d'engin il fait ! », ou d'une grosse couche de beurre. Ces petites libertés le rendent de bonne humeur pour la journée. Le premier caprice de Paul, c'est les bananes ! Une réminiscence de son enfance et de sa maladie, il aurait dû en être dégoûté, mais il continue à les apprécier. Il y a des matins qu'il préfère à tous, lorsque ses asperges, soixante-dix plants, commencent à produire chaque année. Là, il nous confie son deuxième caprice, et à force de tout raconter, espère ne pas se faire cambrioler son jardin ! Il plonge ces asperges fondantes et goûtues à la fois dans le jaune de son œuf en guise de mouillettes ! Ce plaisir dure deux mois, il pourrait les congeler mais il préfère descendre vers le potager pour les cueillir et les déguster ensuite « en direct ». Ce sont les seules gourmandises qu'il se connaît, avec les tartes aux fraises de Marie-Jeanne. Après ces petits déjeuners copieux et deux verres de café (et non des tasses), hop au boulot ! Il part traire avec sa sœur. Pour le midi, parfois il n'a pas le temps de se mettre à table, alors il attrape ce qu'il y a. « Cela ne paraît pas », mais au fond, son boulot d'agriculteur est difficile, le travail et l'entretien des champs mais aussi la surveillance de l'église, la préparation des messes et des enterrements. Sa vie est un grand charabia de don aux autres et à la terre. Dans ses nuits, le travail n'arrête pas, il écoute le raz et se lève parfois pour « voir le temps », pour l'écouter dans un demi-sommeil. Il sait alors où il va trouver les bêtes dans les champs : à l'abri loin de l'entrée s'il pleut ou s'il fait tempête, près de la barrière s'il fait beau. Naturellement, au mot loisir, il pense peu, il donne tout au travail des champs, « ça fait les os ». Selon lui, le travail ne tue pas, c'est différent de quelqu'un de la ville. Paul plaint les travailleurs d'usine, à la chaîne, enfermés dans les mines, qui n'ont pas la liberté de vie, ils semblent stressés, avoir un patron sur le dos autre que sa patronne nature l'aurait bien embêté. Il est ennuyé par le temps, les vaches, mais Paul est un homme libre. « Ça compte ça », la liberté, et ne pas être à dix minutes près. Ses loisirs, c'est aller tapiner le homard, dans son autre jardin, son bout de littoral dans son jardin de mer. En attendant d'avoir le temps d'aller « à la basse iau », à la marée, il pêche un drôle de poisson : un ciel nuageux, une grande marée, un gros coup de mauvais temps lui permettent de comprendre que son engrais vient d'être livré sur la plage, poussé par la houle. Il attelle, à l'aide d'un câble de bricolage, sa traîne à son tracteur : charrette sans roues avec deux patins. Il la descend à bras sur les galets, ramasse l'équivalent d'une douzaine de brouettes, puis il remplit la remorque et rejoint le champ des Sept Pierres ou celui du Lait pâti, clos à pommes de terre et légumes, betteraves et autres. « Paul, c'est tout de bricole », le câble de la récupération, les morceaux de charrette, du bois de gravage récupéré sur la plage. Ces jours-là, il fait le bourricot, à longueur de journée : il a deux hectares de labours à recouvrir d'algues. La terre et la mer se mélangent alors, formant un effluve poissonneux très particulier. Quelques mois passent, il laboure le tout, réunit les deux éléments. L'herbe, sous un halo de sable et de varech humide, aussitôt reprend ses droits.

Les betteraves tremblent sous la pluie et le vent, leurs feuilles battent l'air, plient et se tordent comme des danseuses. Un silence, parfois immobile, il fait taire son ciré vert et entend comme une rivière couler le long de rigoles hésitantes, sa route prend des directions incertaines, il l'aide d'un coup de pelle. La terre bulle à certains endroits, n'en pouvant plus d'éponger le ciel. Parfois une petite bête à poil prend sa douche au fond du champ et fuit son regard, elle ne sait plus comment faire pour s'échapper. Paul la regarde longtemps jusqu'à ce qu'elle disparaisse, Paul a du temps, cette compagnie le rend heureux. La haie, lorsqu'elle y entre pour se cacher, bouge un peu puis se tait. Parfois un bruissement annonce l'arrivée caractéristique d'un gros rat musqué, à la démarche agile et molle à la fois. Il préfère les lapins, les fouines et les belettes. Les jours royaux un faisan roux et fier lui fait l'honneur de lui rendre visite. Parfois, il lui laisse une belle plume qui couvre toutes les nuances de la nature à l'automne, Paul la ramène à la maison. Lorsqu'il ne pleut pas, il sarcle à genoux, à ras de terre. Il aime être à genoux contre la terre. On peut bien se moquer de lui, mais le travail est fait tout pareil, sinon debout il a trop mal au dos. La position est confortable pour les genoux comme pour les reins, et avec un pantalon de ciré il se salit à peine. Et puis la terre n'a rien de sale. Avec ses sœurs, ils cueillent les betteraves une à une comme on cueille des fleurs, sans les abîmer sinon elles ne se conservent pas. Avec beaucoup de précautions ils les posent en rang militaire. Elles sèchent contre la terre puis ils les entreposent dans les étables. Les betteraves sucrières sont rouges, leurs champs après la récolte ressemblent aux tranchées de 14, on penserait qu'ils ont saigné. Les Bedel produisent également des betteraves fourragères pour le bétail, plus nuancées en couleur, dans les tons ocre et dont le corps plus foncé forme une croûte de peau marronnée. Lorsqu'on les coupe pour les donner à manger aux bêtes, elles sentent le sucre et le lait. Le matin et le soir, Paul traie avec l'une de ses sœurs ou les deux. Puis ils fabriquent le beurre, une fois par semaine. Il prépare la baratte, il la chauffe à l'eau bouillante : s'il verse la crème dans une baratte trop froide, le beurre mettra six heures à épaissir. L'été c'est le contraire, Paul refroidit la baratte à l'eau froide, sinon le beurre devient mou. Sans s'occuper du thermomètre, car il a le nez pour cela, il juge selon la nature. Paul juge le ciel, comment faire, comment opérer, c'est tout un enchaînement naturel dont il ne se rend plus compte. « Le gars de la ville » ne connaît pas tout cela, tout l'ouvrage qu'il faut pour obtenir du beurre. Le beurre, c'est l'ouvrage d'une semaine, d'une année, du transport du fourrage, de la traite, de la baratte, de l'entretien des haies. Bien sûr son beurre est plus cher qu'en supermarché, mais personne ne s'en plaint. On ne le « sel » pas. Le beurre des Bretons ne se conserve pas comme celui-là, il se conserve moins bien que le leur, selon lui, les embruns changent tout. Ici, pas besoin de sel, l'herbe en est imprégnée par l'air salin, l'air marin. Les gens de toute la France viennent lui en acheter l'été, ils viennent avec de grandes glacières, de Dieppe, Paris, Marseille, et le congèlent ensuite. Dans le village, chaque acheteur a son assiette que les sœurs de Paul reconnaissent et dans laquelle, une fois par semaine, il dispose la boule au lait d'or. Le lendemain tout recommence. Dans ce « tout » il y a les répétitions et les ciels, le fondant du beurre, l'odeur des bêtes. D'un œil dans ses champs il laboure l'horizon.

LES SAISONS DE PAUL

Paul est monté sur ressort, il ne reste jamais sans rien faire. Après la traite il rejoint « le grand jardin » où il plante, aidé de ses sœurs, les légumes pour la famille. « Le petit jardin » devant la maison est réservé pour les fleurs de l'église. Celui des légumes se prolonge vers le fond de quelques pommiers pour concocter des beignets et des tartes. Ce sont des pommiers à gourmandise, quatre pommiers « de pommes à couteau », une vraie chance ici. Un voisin lui en a offert deux et les deux autres il les a greffés. Paul n'achète rien, ou très peu. Content de son succès de botaniste, il a également greffé avec soin un néflier sur une vieille épine, il donne bien. Le néflier lors de sa floraison se pare de fleurs très blanches, ses feuilles sont bien vertes et charnues, comme une jolie plante fleurie. On les pense éternelles tellement elles sont fermes, mais elles se recroquevillent pour laisser place à un fruit étrange en forme de toupie surmonté de cinq dents velues.

Ses fruits caramel, bruns à l'intérieur, se mangent lorsqu'ils blettissent, deviennent très mous, très murs, en un mot lorsqu'ils sont pourris. Pour les laisser pourrir tranquillement, Paul les ramasse et les laisse fermenter sur de la paille durant quinze jours avant de les consommer. C'est un fruit d'hiver dont la chair a un goût un peu vineux, légèrement vieilli, un goût de fût de chêne. À sa première récolte, il en apporte une petite assiettée à sa grand-mère, tout heureuse de goûter à un fruit nouveau qu'elle ne connaît pas. Elle les avale avec les cinq noyaux, elle grommelle gentiment le lendemain :

– *Men p'tit gâs, j'y mainqui m'engouaer d'aveu tes couonneries, tu veurs m'envyaer ou chhimetyire avaunt l'heure !*

(Mon petit gars, j'ai failli m'étouffer avec tes conneries, tu veux m'envoyer au cimetière avant mon heure, non de non !)

Au mois de mars, les grands labours de printemps commencent. Paul donne un coup de griffe pour réchauffer un peu la terre, il la « déchauve » en arrachant les souches de blé encore en terre, l'aère, la décape pour l'oxygéner, l'eau ensuite filtre plus facilement. Lorsque la souche de blé d'origine est morte, l'humus est meilleur. Il plante beaucoup de pommes de terre, pour les cochons, les vrais cochons, et pour eux ! Paul blague toujours, il n'est ni fier ni faible, il aime rire. Quatre cochons vivent dans les *côtins*, abris de pierres dont l'auge est à l'intérieur, munie d'une ouverture en biseau vers l'extérieur, ainsi le vent n'y pénètre pas. Ce n'est pas toujours gentil un cochon. Un jour, l'un d'eux lui perce la botte : celui-ci, il le vend au boucher sans regrets. De temps en temps, un malheureux passe à la casserole pour leur propre consommation, sinon ils partent où Paul ne veut pas savoir, il faut bien vivre. Les cochons des Bedel sont d'une force incroyable. Il ne cuit pas leurs patates, il leur donne toujours crues. Les patates cuites les engraissent plus vite, l'amidon se révèle lorsqu'elles sont bouillies. Les cochons saturés de sucre deviennent trop gras. Les vaches sont nourries aux betteraves et au fourrage, et elles broutent l'herbe verte et les souches de toutes sortes dans les landes. Le lait de certains producteurs revient « tout bleu » comme l'eau de la laiterie, il est tiré à bloc. Leur lait ne part pas à la laiterie, et lorsque les sœurs de Paul l'écrèment, il reste de la crème. Aussi, ce lait nourrissant évite de donner de la farine aux petits veaux pour qu'ils grossissent vite. Ils prennent leur temps et leur chair ferme est reconnue par tous les bouchers de la région. Pour récolter de bonnes pommes de terre, Paul tire un fil au cordeau tenu à chaque bout par une bêche pour les planter. Il creuse un trou à chaque patate avec sa pelle, « à la fossette », puis, après y avoir mis un plan de patate, il les recouvre avec sa main. En faisant le trou voisin, il utilise sa terre pour recouvrir le trou d'avant, de rang en rang. Paul économise sa peine et les plans sont récupérés d'une année sur l'autre. Et s'il est tout seul pour la besogne, il fait pendre son cageot « comme un sac à main devant lui » auquel il attache de la ficelle. Comme il a mal aux reins, il reste debout et fait tomber la patate dans le trou, en faisant attention de ne pas la faire tomber sur son germe. S'il casse le germe, c'est fichu, la pomme de terre poussera quinze jours après les autres. Il plante 180 patates au rang. À sa dernière année de récolte, la première patate a donné deux kilos et demi d'un même plan ! Paul prend son temps, ingénieux, il ménage son corps, il n'a pas peur d'être jugé pour sa façon de faire, cela lui est bien égal. S'il pleut, il ne va pas barboter la terre dans la pluie, c'est pas la peine, alors il s'arrête un peu, il construit des paniers en osier ou bricole dans son atelier. Les jours de pluie ressemblent aux soirs de veillée, à des vacances. Sa famille a planté du saule pour faire le corps des paniers en osier, et quand il passe près du bois de Beaumont, enfin lorsque l'usine n'était pas construite, il fait une petite razzia pour cueillir des pousses de jeunes noisetiers. Quand il gèle, il ne cueille pas l'osier, il le cueille par temps sec. Il fabrique des paniers à patates, des hottes pour sa pêche. Pendant ce temps, les sœurs réparent « les conneries à Paul », ses pantalons déchirés, ses vestes arrachées, et elles tricotent également des chandails bien chauds. Avril arrive. Il sème l'orge pour les bêtes, pour les poules. Vers la mi-avril, il referme certains de ses champs, il les nettoie, les lave en quelque sorte pour qu'ils se reposent de leurs récoltes, et il sème de l'herbe. Sur les brins d'herbe, il passe un coup de rouleau, pour qu'ils ne soient pas enfouis trop profond et tiennent une dizaine d'années. Ces champs alors servent à nourrir les bêtes, non plus aux cultures. Lorsqu'il sème de l'orge, il sème également de l'herbe, ainsi il obtient une double récolte : l'orge est plus haute et l'herbe faible se met sous la protection de la paumelle, « sous couvert de l'orge ». Après la récolte de la céréale, l'herbe fortifiée repousse ensuite « en fourchant » : un grain donne huit, dix brins. Cette herbe très grasse, nourrissante et riche pour les vaches, dure deux ou trois ans, ensuite l'herbe naturelle à un brin, la souche d'origine, reprend le dessus. Fin novembre voit naître la période de labours pour semer le blé d'hiver, sans dépasser les Rois (janvier), sinon à l'arrivée du froid, « les oiseaux picorent tout ». Il coupe des ronces, le long des talus délimitant ses champs, à l'aide d'une faucille aiguisée régulièrement. Sa pierre à aiguiser dans la corne de bœuf lui vient de son père, elle ne le quitte jamais. Si en hiver Paul ne coupe pas les ronces très vite, ses champs rapetissent, envahis par « les mûres » formant de grosses boules de piquants. Bien sûr Paul n'utilise jamais de désherbant chimique, Paul n'est pas pressé, couper les ronces lui plaît. Il ramasse les cailloux, les grosses pierres arrachées aux murets par les bêtes impatientes, il répare les talus à la main, pas question de détruire les haies qui, d'une façon naturelle depuis des siècles, protègent les bêtes du vent. Lors d'une grande partie de la saison froide, il coupe des ajoncs pour faire le feu dans la cheminée, « des ragots de piquet ». Ici « le bois de bois » fait défaut, alors depuis toujours on utilise le ragot d'ajonc. Le ragot de piquet tient vraiment aux flammes, et lorsqu'il se consume une odeur particulière s'en détache, parfumant le jambon fumé accroché dans la cheminée et mis à sécher. Le ragot de piquet est très tenace, mais il demande une certaine préparation longue et fastidieuse. Paul épluche le barbet de l'ajonc, ses piquants et sa fleur séchée pour n'en garder que la branche.

Chez les Bedel, les chevaux mangent « du foin d'herbe » et se couchent sur une litière de fougères coupées par les soins de Paul dans les landes ; le lit des bêtes est une litière au parfum de lande et de repos. Les journées où il fauche la fougère étirent ses heures en de longues promenades en solitaire. Dans une étendue infinie et offerte dans les falaises, il coupe la fougère rouge, petite, gaie et ferme, c'est la meilleure selon lui. Ses bras fins et frêles forment un couchage moelleux pour les animaux, un couchage gratuit donnant par la suite un excellent fumier. La fougère plus grosse forme quant à elle des grosses branches mais, sous le poids des sabots des vaches, « elle fiche le camp », se désagrège, s'émiette rapidement sans les préserver de l'humidité. Le fumier lui aussi prend son temps, Paul le laisse s'abonder trois ans avant de s'en servir pour engraisser son potager.

Puis vient l'époque des pommes à cidre, qu'il fait venir du bas du Cotentin, de Digosville bien souvent. Ces pommes génèrent leur meilleur suc début novembre, après « les blanches gelées ». Avant qu'elles ne pourrissent, Paul coule le cidre roux comme l'automne, très lentement, en le pressant à la paille à l'ancienne. Bien sûr il s'y « pète » les reins durant plusieurs jours, mais de nombreux amis et ses frères viennent l'aider. Puis le jus pressé dans la douleur est mis à reposer en barriques toute l'année. Paul le met en bouteilles, avec parcimonie toujours pour mieux l'apprécier ensuite. Il n'en bouche qu'une quinzaine par an. Pour les jours de fête, on en offre aux invités. Le champagne des Bedel sent la pomme et les tonneaux, mais surtout la bonne humeur et l'amitié. À la saison grise, il s'ennuie. Durant une année, dans un champ un peu éloigné de la maison, il se fabrique une petite baraque en dur, en cailloux. Il ramasse les grosses pierres dans ses champs et les transporte une à une à l'entrée, près de la barrière. Il les pose sans ciment, les unes sur les autres, à l'ancienne. Pour endormir les murs, il bourre les trous de terre « normale » grattée, récupérée dans les fondations. Sur la grève il trouve plusieurs belles planches de bois, elles servent pour la charpente, et son toit est recouvert de fougères. Une fois terminée, des mois après son commencement, il dépose dans sa petite hutte de nombreuses bottes de paille. Ainsi, il n'a plus besoin de les porter sur son dos, de les transbahuter chaque soir. Elles sont sur place pour le repas des vaches. Paul se fait donc des cadeaux. Il regarde sa cabane avec fierté, cabane fabriquée avec « rien » de ce qui s'achète, dans le respect des anciens.

C'est Noël, il rapporte un petit fusain à ses sœurs, qui reçoit, avec un peu de cérémonie, quelques guirlandes et quelques boules colorées. Il trône au milieu de leur pièce de vie. Il le regarde satisfait, ce petit fusain décoré clôture une année de labeur.

Ce jour de fête, chez les Bedel on ne reçoit pas de cadeaux. Toutefois, les trois enfants devenus adultes offrent à leur maman une boîte de chocolats qu'elle partage avec eux. Ce qui rend malheureux, selon Paul, c'est de croire que les autres sont plus heureux que nous parce qu'ils possèdent beaucoup, reçoivent beaucoup. Ce qui le rend heureux à Noël, c'est d'être persuadé qu'il reçoit davantage et possède d'une toute autre manière davantage. Il va vers les choses, les choses ne viennent pas vers lui. Parfois même il leur donne un nom et un usage, il a choisi sa vérité.

L'ÉTÉ

En 1976, la sécheresse les surprend dès la fin mai, les graines se fendillent en espérant recevoir quelques gouttes de pluie, elles se tannent puis disparaissent. Le sol se fendille sous ses pas formant des rides puis des plis semblant se refermer sur toute verdure. Le vert peu à peu disparaît du paysage. Les oiseaux perdent leur souffle, se brûlent les plumes dans l'air sec. La couleur du sable atteint la campagne, remonte vers les prés devenus, sous ses pieds, épineux et râpeux comme le sont les vieilles ronces. Tout est rôti, les agriculteurs achètent du foin pour le donner à leurs bêtes. Depuis des années, ils sèment l'engrais à fond, ils ont toujours la plus belle herbe, « de l'herbe à concours », c'est certain, bien plus haute, fière et grasse, bien plus forte en apparence que la sienne. Lorsque la sécheresse arrive, elle cuit net les grandes tiges. Les engrais poussent la terre à bloc, elle est pressurée. L'herbe bousculée ne produit pas de touffes, elle s'implante superficiellement. Son herbe meurt comme celle des autres mais produit des touffes dans lesquelles ses bêtes réussissent à dénicher leur repas, à gratter leur survie. La terre réclame, elle lance sous sa pelle des poussières douloureuses, comme endormies d'un sommeil d'enfer. Rapiécé de toutes parts, le sol s'ouvre comme une grande bouche assoiffée attendant son lait. Les haies se replient sur un horizon sans eau, sans espérance, sèches comme peuvent l'être les mains noueuses d'un homme avare. La campagne accueille la nuit sourde et nonchalante, épuisant les jours de soit plus encore. Les croix dans les cimetières, les pierres tombales et les petits murets engrangent une telle chaleur qu'ils semblent prêts à se fendiller eux aussi, contraints jusqu'à leur dernière goutte.

Paul ne dort plus, tellement il cherche l'air. Les chevaux, les bêtes, les gens plient sous la chaleur. On vient de loin remplir les bidons des fontaines aux dômes de pierres de la Hague. Les végétaux crachent leurs graines et les pauvres bêtes déjà crèvent de faim.

De l'eau, on n'entend qu'un chuintement rieur venu de la mer et la terre en aspire la moindre vapeur. Les maigres végétaux assoiffés perdent leur brillance, s'amaigrissent comme les bêtes, la terre perd peu à peu son odeur. Des champs arasés d'épuisement, voilà à quoi ressemble la sécheresse d'une vie, des hommes harassés de fatigue d'une année de labeur. Soudain le paysan devient le ciel, devient une supplique à lui seul tellement il prie. Paul apprend cette année 1976 une vérité à laquelle il se prépare depuis longtemps : la terre est le seul maître du monde, elle commande tout, s'approprie nos vies, on « lui mange dans la main », elle rend meilleur et patient si on sait l'entendre et l'attendre. Ici on dit d'une vieille personne prête à mourir : « la terre la *supe* », la terre l'aspire. On lui appartient bras et jambes, il ne nous reste qu'un petit peu d'âme pour vivre en accord, en intelligence avec ses exigences. La terre ne se brusque pas, la terre se respecte, elle peut tout. En septembre enfin, à force de rêver d'eau, la pluie revient, elle couvre soudain le désert crucifié qui lui tend les bras. La terre se recouvre d'une immensité liquide, un avant d'océan. La peau tirée, les hommes et les femmes regardent le ciel, plus jamais on ne pensera qu'il pleut trop en Cotentin, se dit-on, jusqu'à la prochaine averse. Chaque élément, durant plusieurs jours, devient « eau », puis lorsque les nuages cessent de tomber, les graines mortes ressuscitent, se régénèrent, elles ont été protégées par leur dépouille durant le temps des grands courants d'air chaud, elles se sont recroquevillées dans leurs membranes en attendant le retour d'une météo propice.

Dans ce monde, il y a les pauvres dans leur activité et les riches qui ne meurent jamais de faim mais d'ennui ; tous, nous sommes, avec le temps, courbés sur le chemin de la mort. Comme Paul l'est en abordant sa silhouette d'un genre « penché », « il est d'un genre penché » parce que la terre est basse et qu'en vieillissant il pense qu'elle l'est plus encore, et même qu'elle devient lourde sous sa pelle avec les ans. En tout cas, Paul range les hommes en deux catégories, il y a ceux qui produisent et ceux qui achètent, les penseurs et les acheteurs. Nous mourrons donc, la terre nous aspire, tend ses bras aux uns et aux autres avec la même égalité. Il ne s'est pas détaché des autres, non, ou sinon il aurait été comme ces vieux dont le temps est fait, qui ne perçoivent plus rien de leurs voisins et qui s'en échappent en regardant de loin leurs congénères. Non, il tente d'atteindre le plus près des hommes, en liberté, fondu dans cette nature nourrissante et bienfaisante, fatigante, à laquelle il appartient. Ses moments de silence et de solitude lui ont beaucoup appris, ils ont pour décor les champs remis en état de son père, inutilisables après guerre. Durant des années Paul est resté là en suspens, derrière un mur caché, à l'abri du vent, et a entendu, sans les médire, ceux qui pensent qu'il ne réfléchit pas. Il sourit au bonheur de se cultiver et de cultiver sa terre et sa vie « sans chef », il est le propriétaire de sa vie. Comme un bienheureux, dépouillé de tout sauf de l'amour de Dieu. La solitude est terrifiante lorsqu'elle se vit dans la foule. La solitude est bienfaisante lorsqu'elle est choisie et que l'on garde une main tendue vers l'autre. Les mots sans paroles sont les pensées les plus fortes, dans ce que l'on ne dit pas il y a tout. Cet égarement ne le perd pas, cette solitude, cet enjeu incorporel et immatériel « gratuit » le construisent, il a choisi le contre-courant d'un certain progrès, il lit, regarde et observe en prenant son temps. Paul est un passeur qui vit au rythme des saisons, qui prend soin de la nature mais aussi des autres, de ses semblables, il vit sur lui-même en faisant tout lui-même, mais il ne vit pas que pour lui-même.

LES ENGRAIS

Selon Paul, nous sommes sans défense devant notre vie, mais on se doit de la défendre et de protéger l'endroit où elle nous accueille. Apprenti de la terre avant d'être un paysan, Paul n'est pas parfait. Alors, ils sont venus pour les emprunts, pour qu'il se « modernise », pour qu'il travaille plus et produise plus afin de rembourser cet argent dont il a nul besoin. Voici ce dont il se souvient à propos de leur discours : « Pour nourrir une population de plus en plus nombreuse, à court terme, utiliser les engrais minéraux semble être la solution la plus rationnelle. Le recours à l'engrais de ferme (fumier, varech) n'est envisageable que pour des secteurs très restreints et des populations riches ! » Les plantes puisent trois éléments dominants, le potassium, l'azote et le phosphore. On ne sait que faire des déchets des industries, alors on enrubanne la chose, les engrais sont naturels, promettent des articles scientifiques ! Fertilisez au naturel avec les déchets de nos usines ! Les déchets des abattoirs, des mines d'acier (fontes phosphoreuses), des mines de sel tombent dans nos assiettes ! Les cendres de tourbe, de guano, de varech ne suffisent plus, les déjections humaines et animales ne sont plus assez « propres », on exhorte les paysans à engraisser la terre avec des engrais « propres ». Élève de la terre, mais un homme avant tout, un homme avec des faiblesses, Paul cède, il n'est pas fier aujourd'hui d'avoir cédé, encore moins de l'avouer, mais c'est vrai, en 1972, de lourds sacs d'engrais arrivent dans sa ferme. Il les a commandés lui-même après mure réflexion, « pour faire comme tout le monde » mais aussi avec une pointe de curiosité. Il les déverse sans émotion, avec la certitude « qu'il n'y a que les imbéciles qui ne changent pas d'avis ». Il emprunte une certaine somme d'argent, et produit l'équivalent de cette somme « et des brouettes », un peu plus donc. Depuis toujours, les algues et le fumier de ses bêtes nourrissent la terre et l'herbe, les animaux nourrissent la terre, les vers travaillent la terre, l'oxygènent, tout est utile, et si on tue toutes ces petites bêtes-là la terre meurt. Son fumier prend trois ans à arriver à maturité.

À la fin de son année « d'engrais », quand il fait ses comptes, il ne voit pas de différence ; l'année d'avant comme depuis des siècles avec des méthodes naturelles, il n'a rien dépensé, donc ce qu'il a récolté lui rapporte. Là, il récolte pour payer au banquier ses fichus sacs. Il obtient moins dans ses *pouquettes* (poches) finalement. Plus de la moitié moins lorsqu'il finit de le payer, l'écart est important. Le banquier revient à la charge la saison suivante, lui promettant monts et merveilles s'il emprunte plus, pour en répandre dans tous ses champs. Mais cette fois, Paul refuse, le banquier semble fâché lorsqu'il repart, mais Paul est fier, car vraiment il n'y a que les imbéciles qui ne changent pas d'avis ! Tout au long de leur rendez-vous, à la table de sa modeste ferme, Paul semble entendre son père le gronder :

– Ne fais pas le con Paul, continue pas tes conneries, une année ça suffit, tu es en train de tuer ta terre. En laissant la terre se reposer, on ne dépense rien mais on récolte quand même.

Paul continuera donc à mettre ses vaches dans les champs, la terre se travaille par les animaux, les jeunes bêtes puis les moutons se suivent les uns après les autres. La terre se nettoie, dans un champ, si l'on met toujours les mêmes bêtes ça ne va pas, elle s'appauvrit comme un homme. L'homme est grégaire, il a besoin de vivre avec les autres et de rencontrer d'autres hommes. Pour les récoltes, le blé, l'avoine, l'orge et les légumes, le sage paysan procède de la même façon. Jamais il ne plante dans les mêmes champs la même graine, chaque année il change, chaque année ses champs rencontrent une nouvelle récolte et s'enrichissent naturellement. Plus tard, *cabochu* (têtu), lorsque les primes aux agriculteurs lui seront proposées, il refusera de remplir les dossiers, il désire par-dessus tout rester « son maître et patron ». Aucune prime européenne ne lui sera versée, il ne les demandera pas. Il a pourtant voté oui à l'Europe, mais oui à l'Europe de la paix, pas à celle des primes et des lois absurdes. Maintenant, l'Europe donne des primes pour la mise en jachère. De tout temps les Bedel l'ont pratiquée, pas besoin d'argent pour cela, le bon sens suffit ; Paul est persuadé que bientôt l'Europe distribuera de nouveau des primes pour qu'on remette en route les champs abandonnés. Certains collègues se moquent : « Ils ignorent comment les Bedel tiennent à vivre sur eux-mêmes comme ils le font. » Ils ont tenu avec sa mère et ses deux sœurs, puis ils ont accueilli tante Fernande pour la fin de sa vie, ils n'ont jamais eu faim. L'herbe se redresse toujours après la pluie ; après sa bêtise, Paul se redresse et retourne à l'essentiel.

Sa gestion tient dans une boîte à malices, où il range ses agendas : de petits carrés bruns comme des arbres aux feuilles pleines, nervurées de son encre, des calepins secrets aux couvertures éreintées. Chaque jour de l'année il raconte ses activités de la ferme, sa sueur, sa météo, sa foi et sa philosophie, ils sont parsemés de réflexion sur Dieu. Il se raconte sur des pages quadrillées, il inscrit le bilan de ses ventes et de ses achats, des campagnes de chasse, ses rendez-vous de médecine ou la visite des amis, des voisins. Carnets de voyages d'un pèlerin sédentaire aimant la compagnie, dont l'écriture s'affole, se dandine, s'amuse à esquisser des vagues. Écriture appliquée d'un homme sans instruction ayant appris l'alphabet de ses ancêtres, l'abécédaire des paysans. Empreinte, documentation sur l'agriculture traditionnelle. Ses carnets le racontent au jour le jour, avec une méticulosité amusante, contrastant avec le fait qu'il lise chaque matin le journal de la veille ! Son frère abonné le lui apporte avec un jour de retard.

Paul garde pour ses impôts un système au forfait, il ne s'englue pas dans des paperasses obsédantes. Lorsqu'il ferme la porte de son étable, son anneau de fer tinte d'un son joyeux comme une cloche ; son travail terminé, il garde du temps pour aller voir la mer, ses tempêtes et ses vagues hautes.

AUTOMNE 1976

Octobre 1976, le temps tyrannise la côte ceinturée de blanc, entourée de fils de mer et de mousse saline, les éléments de l'océan sont déchaînés. La terre est secouée et la nature grince sous le poids du vent et de la force de l'univers. Le vent se mêle à la pluie, les hommes ne respirent plus, on prend l'air dans les narines comme des claques. Les embruns transportent de grosses boules d'écume de part et d'autre du paysage, la colère de la tempête envahit tout. Les pauvres bestiaux des Bedel sont blottis au pied des murs en attendant l'accalmie. Ils ont cinq petits veaux dans le camp lièvre, champ long, étroit, placé dans le sens du vent, donc sans aucun abri. Sitôt après manger, Paul part avec Marie-Jeanne pour les changer de place, près du sémaphore, dont les murs sont placés à contre-vent, en plein abri. Sur la route les veaux chancellent sous les rafales. Avec sa sœur ils ne causent pas, le vacarme incessant de la tempête couvre leur voix. Une fois arrivés, ils referment la barrière du champ, les bêtes sont à l'abri. Les deux paysans décident d'approcher de la côte afin de voir déferler les vagues de plus près, pour « se faire plaisir ». Les tempêtes du Cotentin remuent plus que le corps, elles envahissent l'âme, on s'y sent si petit et si fort à la fois. En arrivant ils découvrent une nature complètement déchaînée : ciel et mer se confondent. La grisaille et les eaux ne font qu'un, l'enfer est là, les vagues forment des crinières blanches courant dans tous les sens et viennent mourir sur le rivage dans un vacarme assourdissant. Au bout de quelques instants, Paul s'éloigne un peu plus loin pour satisfaire un besoin naturel, rien de bien pratique dans ces conditions, d'autant qu'à ce moment il aperçoit un yacht, toutes voiles dehors malgré les bourrasques, qui descend d'Aurigny. Le bateau saute par-dessus les coups de mer, retombant dans une gerbe d'écume. Il n'est pas loin de la côte mais la visibilité est presque nulle. Paul appelle Marie-Jeanne afin qu'elle regarde dans la direction du bateau luttant désespérément. D'un seul coup, il tourne sur lui-même, vire de bord, pique tout droit sur la côte et vient directement, sans plus pouvoir se diriger, d'un grand plongeon, s'échouer sur le rivage à une vitesse incroyable. Traversant la baie, voiles et mâts touchent l'eau par moments, il est complètement couché, et malgré cela, il se relève, sans espoir. Deux hommes vêtus de cirés jaunes sont assis sur l'arrière, impassibles, puis il imagine sans l'entendre le choc terrible sur les roches du nez Bayard. Voir ce drame lui fait mal. Marie-Jeanne crie :

– Paul ! Regarde ! Les malheureux ! Oh, les malheureux !

Le bateau reste immobile un court instant, puis une vague énorme arrive, le soulève de sa main de géant par l'arrière et le culbute bout pour bout. Vu la grosse mer qu'il y a ce jour-là, après ce gros paquet d'eau, le bateau roule encore et revient sur son sens normal ; voiles, gréements et mâts arrachés pendent lamentablement par-dessus bord, triste spectacle... Paul galope au sémaphore afin d'avertir les gardes du drame qui se joue, au cas où ils n'auraient rien remarqué. Il est rejoint par un sémaphoriste sur le rivage pour leur porter secours. Malgré le déferlement des vagues, un naufragé se jette à l'eau, va et vient, nage dans les rouleaux énormes et parvient tant bien que mal dans les écueils menaçants. Entre les coups de mer, Paul et le sauveteur passent de rocher en rocher pour aller le plus près possible du point où ils pensent qu'il touchera « terre ». Il arrive, s'agrippe au rocher mais ne peut prendre pied, tous deux se penchent vers lui et le ramènent vers eux. Ils le traînent exténué sur le rivage, mais ne peuvent lui arracher un mot. Il se met debout en chancelant comme un homme soûl, tournant en rond. Pendant ce temps, l'autre se jette lui aussi à l'eau, se débrouille tout seul, jeté au sec par un paquet de mer. Paul l'observe, tout comme son collègue, danser, passer comme dans une essoreuse à salade, tituber sur ses jambes tel un gosse qui fait ses premiers pas.

Puis surprise, Paul aperçoit une passagère. Elle aussi plonge dans l'eau courageusement, disparaît, réapparaît en décrivant un grand cercle, est ballottée par les flots qui semblent avoir raison d'elle. Elle revient, passe la pointe, et à un moment le sémaphoriste et lui craignent qu'elle ne reprenne le large. Ces minutes sont angoissantes, ils la perdent de vue par moments, l'aperçoivent nageant désespérément, puis d'un coup elle coule, puis refait surface. Soudain, un énorme coup de mer la rapproche, ils la rejoignent, l'eau jusqu'à la ceinture, réussissent à l'attraper tant bien que mal, le coup de mer les tire vers le large, ils ne tiennent pas debout et Paul n'a pas trop le temps de penser qu'il ne sait pas même nager ! La femme est traînée dans l'eau et les cailloux, sans aucune énergie ; ils la déposent sur l'herbe. Elle pousse des cris, rend de l'eau, à un moment Paul pense même qu'« elle va finir là ». Quant aux deux autres, Paul remarque une chose étrange, ils semblent ne pas se connaître. Après cela ils partent en direction du sémaphore en portant la femme. Les deux hommes hébétés, abasourdis, donnent à Paul l'impression qu'ils n'ont aucune direction. Il ne pense pas même à les suivre. L'un, d'ailleurs, repart à l'envers. En cours de trajet, ils rencontrent Léon, le patron du canot de sauvetage. Il lève les bras, désespéré :

– Ce n'est pas de ma faute, ce n'est pas de ma faute ce qui est arrivé ! Mon Dieu, ce bateau n'aurait jamais dû approcher de notre côte, nous aurions dû intervenir bien avant.

La mort d'un bateau le frappe au plus profond de lui-même et il se sent vraiment coupable. Quelques membres de son canot de sauvetage l'accompagnent. En arrivant sur la route, le sémaphoriste qui est avec Paul invite les membres du canot de sauvetage à venir prendre le café au sémaphore avec les naufragés ; quant à Paul on omet de l'inviter.

Lui vient une vague impression d'être de trop. Le sémaphoriste commence à raconter le sauvetage en omettant de le citer, il recherche la gloire. Il préfère relater seul l'événement. Paul, en étranger des affaires maritimes et de l'organisation des sauvetages en mer, après cette heure tragique, remonte se changer, complètement trempé. En rentrant à la maison, le soir même et le lendemain matin, il écrit sur papier tous ces faits tels qu'il les a vécus et comment il a ressenti l'événement. Le même soir et les jours suivants, il rencontre sur la route, comme de coutume, les sémaphoristes. D'ordinaire, ils se saluent amicalement, là ils l'évitent. Quatre jours après, l'agriculteur travaille dans ses champs, deux gardiens du sémaphore l'appellent de leur poste de veille en lui faisant signe. Ils l'informent qu'un homme du service maritime viendra le voir afin d'établir un rapport :

– Paul, si vous voulez bien lire ce rapport et confirmer nos dires auprès des autorités, nous vous en serions reconnaissants.

Paul se renfrogne, c'est trop fort, et répond :

– Mon rapport a été fait le jour du drame, il est écrit et je ne reviendrai pas dessus.

– Enfin Paul, ne faites pas l'innocent, on doit tous se mettre d'accord dans la vie.

Ils savent, oui ils ont compris, que lorsque Paul s'est approché de la chambre de veille au moment du drame pour les prévenir, les gardiens avaient quitté leur poste ! La faute est lourde. Les gars du sémaphore ont toujours dit que le bateau venait du côté d'Aurigny. Ce qui était faux car il venait du côté de Cherbourg. Ils ne pouvaient pas l'avoir vu avant lui et sa sœur car la visibilité était presque nulle et à cette époque, il n'y avait pas de radar ! Dans la presse, on raconte comment le sémaphoriste seul a sauvé les naufragés ! Seul sur les lieux du drame, bientôt rejoint par les pompiers accourus presque en même temps. Paul a pourtant croisé le véhicule rouge en arrivant au village après avoir transporté les malheureux au sémaphore... Il a la triste impression d'être pris pour un abruti, les naufragés ne l'ont pas même remercié.

Ces gens parlaient anglais et avaient volé le bateau à Brême. Ils ont échappé à la police qui les a *réchoppés*, attrapés, beaucoup plus tard.

Une vingtaine de jours après, alors que Paul vaque à ses occupations journalières, il rencontre François Lecouvey (à cette époque adjoint au maire). L'adjoint a appris et su qu'il était présent sur les lieux du naufrage. Il lui demande des éclaircissements sur les faits :

– Alors Paul, qu'est-ce que c'est que cette histoire, tu n'as rien de plus à me dire ? Je viens de rencontrer Léon, il m'apprend que tu étais présent, dans l'eau avec eux ? Tu mérites, comme tous, la récompense. Tu es comme moi, tu ne sais pas nager !

Il répond :

– On m'a passé pour « inaperçu », j'ai eu l'impression de gêner le sauveteur car je pense qu'il aurait voulu être seul pour la gloire, mais maintenant ce que j'ai fait c'était normal que je le fasse. Laisse tomber, François !

– Mais enfin Paul, tu sais comme moi que la gloire ne se rend pas seulement à la cause de celui qui la cherche, mais aussi à ceux qui s'effacent, car souvent ils méritent beaucoup plus que les autres…

L'année suivante, dans le courant de juillet, on le convoque à Goury au Café du port, à l'occasion de la remise des récompenses à l'équipage du canot du raz Blanchard, pour le dévouement des bénévoles au service de ceux qui sont en détresse. Paul se sent petit, étranger, lorsqu'il reçoit le diplôme d'honneur des mains de Pierre Anquetil, le maire. Non habitué aux honneurs et discret, à peine le cérémonial terminé, il remonte dans sa maisonnée au plus vite, laissant les sauveteurs, les vrais, gais et joyeux devant leurs coupes de champagne. Lorsque Paul entend la tempête, il se revoit souvent partir vers les grands fonds, lui qui ne sait pas nager, tenant cet homme et cette femme par les bras, à bout de vie, vie de voleur ou non-voleur, vie contre vie, la sienne pour la leur. En sauvant de la noyade une personne, il a abondé dans le bon sens son existence de chrétien, ce fut sa seule récompense.

Prier c'est respirer le monde et l'univers, peu importe que l'on se trouve devant une statue ou sur un tracteur. Prier c'est prendre conscience de la vie, qu'il existe un espace à l'intérieur de nous-même réservé aux autres et à soi-même. Un espace qui nous relie aux hommes et aux femmes et qui nous réunit aux choses. La mort même ne peut nous reprendre ce que l'on a respecté et aimé sur cette terre. La prière rassemble ce qu'il y a de meilleur en nous et nous élève vers cet espace éternel qu'est la nature. La prière bénit à chaque instant en les unissant les paroles et les gestes, elle sème la paix dans l'âme et récolte, les jours de tempête, la sérénité du silence.

DIEU

L'homme de la Hague, après un long voyage en train, marche le long du petit sentier menant à la grotte de Lourdes, un sentier ravissant, il tient son chapelet à la main. Ses pensées « mijotent » et surgissent dans un silence de plomb. Ses questions, ses joies, ses peines, ses soucis et ses incertitudes, mais aussi ses peurs, se bousculent, « Dieu lui tient au ventre ». Fasciné et rempli de quelque chose qu'il ne peut partager. Comme la prière de Marie apprise mot par mot à Bernadette et dont elle ne dévoilera jamais le contenu, ses lèvres bougent et se taisent. Dans la grotte c'est vrai, le ciel touche terre, les éléments se confondent, humains, non-humains, le voyage pour arriver jusque-là se prolonge de l'extérieur vers l'intérieur. Plus il marche et plus il ressent une présence extraordinaire, matérialisée par ses larmes venant d'un bonheur pur. D'une espérance pure. Il prie sans mots, sans paroles et sans pensées prédéfinies pour un miracle, il prie pour qu'une chose cesse et advienne en même temps. Pour cela il a tout essayé et dans ce tout il met pourtant son impuissance. Alors il descend jusqu'à la grotte, il fond son corps mais pas son âme dans une foule de gens handicapés et malades. En pleine santé, il se regarde sans se voir, en pleine santé, en pleine vie et comme diminué par ses soucis, il paraît plus faible qu'eux, bien plus faible. Paul Bedel ne respire plus, il ne voit plus. Léger comme une mouette, sa pensée s'envole vers un pays aux abords incertains au cœur du chagrin et de l'amour. Il plonge ses mains dans le poids des grains de blé, il prie pour un désespoir, quelque chose de banal, et pourtant d'essentiel, cela ne le concerne pas directement et pourtant il se sent tellement concerné. Paul pleure, tellement secoué, tellement impressionné, et il se dit, « là pour du coup, c'est la réalité du mystère », « ce n'est pas nous qui régnons ». Sa prière aboutit vraiment à une chose qu'il ne peut pas décrire. Il se met à genoux devant la croix et là il comprend. Paul est bouleversé par le geste d'un homme à côté de lui, un geste immense comme l'amour du monde, Dieu existe là-bas, dans la grotte, dans les hommes. Sa foi « était toujours dans l'idée qu'il existe, que Dieu existe », il en découvre la certitude : Dieu est parmi nous. Une sensation l'investit, un fait impossible est devenu possible. Deux mois après son retour de Lourdes, le miracle se confirme, il est venu à Lourdes pour prier et être entendu et il a été entendu : Paul est en paix, il va vivre « pour la vie ». Dieu est ancré en lui, il n'a pas entendu l'appel pour devenir prêtre, mais aujourd'hui il témoigne de sa présence, de son amour parmi nous autrement : dans sa vie, dans son travail, dans la nature, dans le respect d'elle.

Paul a donné la communion maintes et maintes fois. Il a été bouleversé, ému, remué, quelqu'un se sert de ses mains, il s'efface, devient transparent, ce n'est plus ses mains, ce n'est plus lui. La première fois il devait la donner à une messe de Noël, la veille, il n'en a pas dormi de la nuit. Quand on lui a mis le ciboire dans les mains, transporté par la grâce, il est parti dans la nef et il s'est encore demandé s'il n'avait pas manqué sa vocation de prêtre. Maintenant, il la porte sereinement aux malades, il rencontre les uns, les autres, et sa pensée, c'est de prier pour eux. Paul garde un mystère, un secret que l'on peut frôler en l'écoutant parler. Il distille la bonté parmi nous et le respect de la terre où l'on vit, où nous sommes, selon lui, les invités. Passeur pour les autres, les autres générations mais aussi entre la vie et la mort, il s'est sacrifié autrefois pour sa famille et pour ce qu'il pensait être le meilleur choix pour lui-même. Aussi il continue à porter la communion chez les malades, comme un jour chez un ami : à son arrivée, sa femme lui a affirmé :

– Oh mon pauvre Paul, il va pas communier. Il est trop faible.

Il lui propose :

– On va prier en silence, tous les deux.

Sa femme et Paul s'installent calmement autour du lit du mourant et ils prient à voix basse. Son ami est inconscient, puis soudain il ouvre les yeux avec un sourire magnifique d'espérance, alors Paul lui a déposé une petite parcelle de Dieu, un minuscule morceau d'hostie sur ses lèvres « lourdes » d'une longue existence. Paul n'espère pas la mort, non, il la regarde venir tranquillement, il ne sait pas qui lui apportera sa dernière hostie, ni qui accueillera son dernier sourire, mais il sait où il ira, il ira selon lui là où tout commence et où tout finit, où il chemine déjà depuis sa naissance : dans sa vie. Dans ce secret du monde, celui qui bien avant notre conception décide de nous et qui consolidé par notre vie terrestre nous emmène dans une vie d'après aussi mystérieuse que le néant d'avant notre conception. Néant rempli des espérances de nos parents. Car bien avant notre naissance nous étions déjà là en attente dans le cœur de ceux qui nous ont conçus. La mort selon Paul ressemble à cet instant de l'attente, elle dépose notre amour dans le cœur de ceux que nous avons aimés, à qui nous avons distribué de l'amour, à une haie que nous avons réparée pour qu'elle nous survive et qu'ensuite d'autres prennent la relève pour l'entretenir. Sans les autres nous serions déjà morts en étant vivants. Ce nautonier de campagne navigue entre sa bonté solide et sa patience qu'il met à respecter le bien légué par ses ancêtres, entre le cœur et le matériel, il forme un tout, et approche les berges ourlées de sa foi avec une grande confiance.

LES ÎLES

Elle respire, disparaît, grandit parfois lorsque, éclairée par un voile de lumière, elle apparaît dans son entier. Paul la regarde chaque jour sans l'avoir visitée. Aurigny, ce grain de terre, l'attire mais il préfère la mer depuis la terre. Alors il l'imagine, la devine ; monter dans un bateau ne le tente guère. Si Lourdes reste son meilleur souvenir d'homme, il n'attrape pas le goût des voyages. Toutefois, quelques années après sa rencontre avec Marie dans la grotte de Bernadette (pas celle de Chirac précise-t-il mais celle de Lourdes), alors qu'il rentre de traire, Eugène, un voisin bénévole des sauveteurs en mer, l'interpelle sur le chemin :

– Dis donc Paul, on part à Aurigny à huit heures. Tu viens ? Rendez-vous à Goury : on s'offre une virée.

Paul attrape à la maison un bout « de croûte » car il n'a pas déjeuné, passe une veste propre et descend là-bas. Le bateau de sauvetage les attend, le patron, Auguste Leparmentier, décolle, les voilà partis ! Trop occupé à enregistrer ce qui se passe, il n'a pas le temps « d'avoir les pétoches » ni d'être malade en traversant le fichu raz Blanchard, la sensation d'être sur l'eau lui plaît d'ailleurs, il y fait frais. Ses amis le laissent jusqu'à midi arpenter les charmantes rues de son île enfin vue de près.

Quelques années plus tard, un beau jour, un ami de régiment et sa femme viennent passer le week-end à la maison. Un couple a remis en état un vieux bateau à moteur, le *Seafox*, qui toussote comme un poitrinaire, leur société organise la traversée Aurigny-Goury régulièrement. Paul a vieilli et a alors une soixantaine d'années. Quelle gaieté cette journée ! Bien qu'il n'ait pas encore demandé sa carte d'identité (il ne l'a toujours pas fait faire en 2007 !), les propriétaires du bateau, qui le connaissent, le laissent monter quand même. Le couple d'amis et lui déjeunent le midi de pain et de jambon, assis en bord de falaise. Paul très heureux devine ses champs et son petit monde à l'horizon. Ensuite tous trois partent boire un coup au bistrot, La Furie ! Ils n'arrivent pas à se faire comprendre, ils parlent patois et eux anglais. Ils ne se comprennent pas et prennent un malin plaisir en ne faisant aucun effort pour paraître moins imbéciles, en parlant français. Après ces grands éclats de rire à s'étouffer, ils se promènent d'un bord à l'autre de la ville, s'arrêtent dans une église protestante et assistent à l'office. Mais la terre de l'autre côté les rappelle et ils doivent rentrer. Calé dans le bateau du retour, Paul regarde la côte s'approcher, les vagues lèchent la grève, se regroupant comme des bêtes venant s'abreuver dans la même retenue d'eau, elles se serrent les unes sur les autres, se protègent pour faire masse. Sa géographie et son climat, il les connaît par cœur, pour lui il lui sont liés comme ses deux mains à son corps. Sa pointe de la Hague l'émeut toujours. Après avoir vécu une si belle journée, éloigné d'elle, il ne regrette pas de ne pas « avoir lâché », de ne pas avoir lâché sa péninsule, de ne pas l'avoir trahie. À elle seule, elle est son aventure, sa Hague est son *finisterre* où la vie s'ébauche et où elle aboutira.

J'entends ce bruit mat caractéristique du cercueil sombrer et périr dans la fosse de terre et de béton tapissée de fleurs. Dans cette boîte de résineux est posé, sur un laid capitonnage de satin et dans un sac fermé par une fermeture éclair, le corps de ma mère. A cet instant, elle ne disparaît pas dans ce trou du cimetière, cela donnerait l'espoir qu'elle puisse en revenir. Non, elle y meurt dans l'éternel, je ne me suis pas bien rendu compte sur le coup. Puis, dans les rues, j'ai commencé à la chercher, à chaque silhouette lui ressemblant je lançais un regard désespéré. Il m'a fallu deux ans, je crois, pour moins souffrir, toutefois, cesser d'espérer son retour m'a semblé une trahison. Alors, comme tant d'autres, je me débrouille, elle ne reviendra pas et dans l'intimité de mon âme, ma mère est là, sept ans plus tard. Pour ma part, je l'entends encore chanter « J'entendrai siffler le train – Comme les rois mages en Galilée – Les chants d'église... », elle chantait lorsque j'étais enfant, et toujours, à mon âge de moitié de vie, sa voix me berce. J'ai chanté ses chansons à mes enfants et leur en ai chantonné d'autres. Lorsque dans sa cuisine je reprends ses ustensiles, par instants je pense encore à sa façon de faire, de fermer les portes des placards, de ranger la vaisselle. Ma mère avait connu ce rôle terrifiant, ce deuil sans prénom d'avoir perdu une enfant mort-née. Et pourtant elle avait été gaie, et parfois lorsque je rencontre des lecteurs qui l'ont côtoyée et appréciée, on me décrit une femme que je n'ai pas tout à fait connue adulte, sauf en présence d'enfants, les miens comme ceux de mes sœurs et tous les autres, une femme gaie et boute-

en-train, une femme lumineuse. En devenant tôt mère à mon tour, mes troisième et quatrième enfants, mes jumeaux sont nés lorsque j'avais vingt-six ans, je me suis demandée si je n'avais pas oublié de l'aimer comme il faut. Mais qu'est-ce qu'aimer comme il faut ? Quelques jours avant sa mort, sur son lit du cancer, elle savait qu'elle allait mourir et continuait de me parler comme à son habitude. La chambre d'hôpital ressemblait dans son silence de murs blancs à une salle d'accouchement. Cette impression me hante et me plaît tout à la fois. Mon père assis dans le fauteuil près d'elle attendait le jour tranquillement (en apparence), comme les Haguais savent courageusement faire devant l'inévitable, et moi qui venais des Pays de Loire, j'ai dormi dans un lit mis à disposition près d'elle. J'entendais son souffle et sa voix « Ma Catherine tu es là » et je lui prenais la main et elle la pressait par petites touches doucement par instants. Je tentais de respirer à sa place pour la soulager. Quelques jours avant mon arrivée, je lui avais envoyé une lettre pour lui dire combien je l'aimais, et cette lettre était sous son oreiller. Avant de quitter sa chambre, en lui disant je t'aime, je lui ai murmuré les deux seuls autres mots sensés du moment :

à bientôt.

UNE MÈRE

Un jour, peu après le décès de son père, il n'entend plus sa mère. Inquiet, il monte à l'étage, ouvre la porte de sa chambre : sa maman lui tourne le dos, elle pleure. Bouleversé par cette image d'une femme à qui le mari manque, il redescend sans un bruit pour ne pas la déranger. Sa maman ne lui a jamais dit où aller, elle lui a toujours fait confiance, et par intuition Paul a continué « dans les pas de son père ». Toutes ses années auprès de ses enfants l'ont confortée dans son rôle de pilier de famille. Elle semble si heureuse quand il rentre des champs. Sans le savoir, elle le soutient grâce à son amour. Elle l'étaye lorsque son sacrifice lui pèse et le fait douter encore, surtout les premières années après la mort du père. Sans jamais les avoir connus, les pleurs et les rires d'un enfant dans un berceau, envahissant une chambre de jeune couple, lui manquent. Son ou ses enfants à qui il aurait appris le verbe aimer lui manquent. Alors il reste en quelque sorte l'enfant de sa mère, cet amour qu'il ne peut distribuer directement à sa descendance, il le distribue à sa famille et à cette femme si douce et si bonne. Il en récolte chaque jour les fruits. À la fin de sa vie, lorsque peu à peu sa maman ouvre ses yeux faibles pour lui, son contentement le console. Le soir, il la borde. Ses sœurs et lui ont descendu son lit dans le séjour car elle ne peut plus grimper les escaliers pour rejoindre sa chambre. La nuit, ses sœurs se lèvent pour elle, lui prodiguent des soins, à tour de rôle avec toute leur délicatesse. Ses enfants la dorlotent comme elle l'a fait lorsque petits, ils dépendaient d'elle. Avant d'aller se coucher, Paul comme chaque soir, depuis ses premiers mots, entame une prière près d'elle. Ils se tiennent tous deux les mains et se regardent dans les yeux :

– « Je vous salue Marie, pleine de grâce, le Seigneur est avec nous, vous êtes bénie entre toutes les femmes et Jésus, le fruit de vos entrailles, est béni (là elle regarde son fils Paul plus intensément), Sainte Marie, mère de Dieu, priez pour nous pauvres pêcheurs (et là il continue tout seul) maintenant et à l'heure de notre mort. » Elle fixe son regard sur le plafond en se pinçant les lèvres, elle ne prononce pas le mot mort. Il se demande encore aujourd'hui si à sa manière elle luttait contre cette évidence. Sa mère allait mourir et son heure venue elle laissait son fils prier pour elle par-delà la mort, comme son père elle lui passait le flambeau, il allait lui prêter sa voix et son espérance. Les plus graves souvenirs de la vie de Paul sont la conduite de ses parents au cimetière. Pour son père, il eut du chagrin mais il n'a pas eu le temps de se lamenter sur son sort. Mais le décès de sa maman est une expatriation vers un monde dépeuplé, un pays orphelin, où il va devoir lutter contre une terrible famine, ses gestes de terre deviennent douloureux, il plonge ses mains dans des sacs vides. Il devient soudain incapable de les vider et de les remplir. On lui arrache à ce moment un morceau de cœur. Rien ne le console, ni les bêtes, ni les champs, ni l'air qu'il respire, ni les tartes aux fraises de Marie-Jeanne. Resté un peu son « petit garçon » en demeurant « vieux gars ». Le mot est affreux car il se sent éternellement jeune, mais sa mort lui fiche un coup terrible, et il ne nie pas avoir aimé sa mère pour deux, pour elle et pour la femme chérie qui n'a jamais partagé sa vie. Quand il marche jusqu'à sa tombe et lors de la cérémonie d'enterrement, qu'il prépare tout comme il l'a déjà fait pour son père trois décennies plus tôt, chaque pas résonne de douleur dans sa nuque. Son squelette souffre d'un mal inguérissable. Même pleurer ne le soulage pas, rien, rien ne le réconforte lorsqu'il perd le tout.

Le père était mort, mais sa mère, quelle horreur, quelle horreur ! La mort d'une mère, c'est épouvantable, c'est un déchirement. Pour lui le père, d'accord, il a bien fallu continuer sans lui, ils n'avaient pas le choix et il y avait un petit frère. Et puis pour Paul « ça parle moins un papa », et elle donne la vie. Depuis sa mort en 1992, chaque soir il l'écoute rentrer dans sa chambre, il entend encore ses petits bruits de cuisinière et les conversations qu'elle avait avec ses voisines. Son visage se tient devant lui comme à leur dernière prière. Elle sourit, elle est là.

LA BAVETTE

La bavette, ça consiste en une chose. Un jour, Paul chemine « par en bas » avec son outil sur le dos comme avant les tracteurs, l'autre loustic travaille depuis bien avant lui dans son clos (champ) :

– *Y oû qu'tu vas coume cha Paul, tu t'es déjuqui dès l'pitron à matin ?*

(Où t'en vas-tu Paul, tu t'es réveillé de bonne heure ce matin ?)

Il répond :

– *J'm'en vas dérounchounaer, et ramassi quiqu'cailloux !*

(Je m'en vais couper mes ronces, ramasser des cailloux !)

– *Alors ten bllé Paul d'y oû qui n'est ? est-i enco vert, enco en lait ?*

(Alors ton blé, Paul, d'où en est-il ? est-il encore vert, encore en lait ?)

– *Ch'est byintôt la Sant-Gilles, quiqu'tu fais, vas-tu condyire l'tracteur pour ralaer eun char flleuri ?*

(C'est bientôt la Saint-Gilles, qu'as-tu prévu de faire, conduis-tu le tracteur pour transporter un char fleuri ?)

La bavette, ça consiste à savoir où chacun en est dans son blé ; c'est aussi les blagues entre copains. On renverse par exemple le banneau vide d'un voisin, parti manger chez sa femme, pour qu'à son retour il ait l'air de bosser un peu. Alors qu'il est bien au chaud chez lui, les courageux, pour ne pas perdre de temps, mangent une *craoûte* (un morceau) de pain et un morceau de lard à toute vitesse assis sur leurs tracteurs.

Les femmes parlent, tout en se croisant, bien plus naturellement que les hommes. Elles apprennent la vie des unes, des autres. Les hommes parlent du temps qu'il fait, même s'il évolue au-dessus des têtes simultanément, les hommes parlent de tout sauf de sentiments ! Toutefois, les hommes ne s'arrêtent jamais pour parler avec les femmes et se croisent seulement en s'envoyant quelques mots. « Dans le temps », lorsque les batteries étaient encore organisées, la bavette coulait comme le cidre au cul du tonneau. À deux ou trois heures du matin, les muscles endoloris pas les battages, Paul et son père écoutaient chanter le credo du paysan. Leur véritable Marseillaise, leur chant à eux soldats de la nature qui combattent les éléments pour survivre. Les jeunes faisaient des tours aux plus vieux en leur mettant du sel à la place du sucre ; ils en bavaient avec les vieux. Sans nul doute que s'il avait eu un fils, il n'aurait pas été sévère et dur comme certains adultes avec leurs enfants ou leurs commis.

Il est temps également de tout remettre à sa place, on parle des gens venus d'ailleurs en prononçant le nom de « horsain », littéralement étranger. Comme les autochtones, ils parcourent les sentiers des douaniers, de la largeur d'un pas parfois, durant leurs vacances. Les habitants de la Hague les sillonnent le temps d'une vie. On emploie ce mot de horsain, qu'ils soient filles, garçons, vieux, jeunes, femmes, hommes. Ils choisissent de se perdre dans la Hague lors de leurs vacances ou le week-end. Certains font du bruit sur la plage ou dans les sentiers des douaniers, d'autres plus silencieux regardent la mer avec l'intention de rapporter un morceau de mystère à leur retour. Dans tous les cas, ils se reconnaissent à leurs mains proprettes et blanches, à leur sourire émerveillé devant la nature sauvage. Au bas des falaises, ils fouinent la grève, avec un air de rien, ils écrivent dans le sable, bâtissent des châteaux, des maisons et des remparts, au milieu de leur joie, de leurs rires. Paul fouine la grève à gravage, pour dénicher plus que des coquillages, plus que des galets, il furète de tout et surtout du bois, des chiffons, des cordes qu'il accommode ensuite pour fabriquer des objets d'invention.

Les touristes apportent l'autre part, l'ouverture sur d'autres régions. Les orties les piquent, les ronces leur arrachent les pantalons comme à Paul. L'odeur des fermes leur agresse les narines, comme Paul ne supporte pas l'odeur des villes. Chaque être est semblable. Paul n'admire personne, ni riche ni pauvre, il tente l'évangile de la nature. Il aime échanger avec eux, il leur raconte son petit « coin », ses petites manies, quelqu'un rentre chez lui, il boit la même tasse de café que les autres, qu'il soit évêque ou ouvrier. Paul met les hommes au même rang. Des Allemands viennent pour retrouver un endroit où leur grand-père ou père a vécu quelques années ici durant les vilaines années de guerre. Paul a pardonné. Pardonner c'est choisir d'aimer de nouveau, c'est recréer l'alliance en tendant une main en toute liberté. Dans sa conscience de chrétien, le pardon le relie à l'humanité. Évidemment au départ, lorsqu'il était encore vert, trop jeune, de voir un « D » derrière une voiture ne le portait pas naturellement à aller saluer ses occupants. Il évitait leur voiture et passait sans les voir. Aujourd'hui, l'Europe de la paix est passée par là. La bavette offre un cadeau de mots, de sourires et de regards. Lorsqu'il taille une bavette avec des Allemands, il fait un cadeau, « un don parfait », le « per-donare en latin », la forme la plus intense de l'amour et de l'amitié. Toujours après un petit coup de parlotte avec les touristes, et plus encore avec les Allemands, les mains se joignent spontanément pour se dire au revoir. Il sait alors combien la douleur d'une guerre est inscrite semblablement dans les mémoires des familles martyres. Les gens ont la même valeur, qu'ils soient nés ici, ailleurs, qu'ils soient lettrés, instruits ou non. C'est un plaisir de discuter avec tous. Paul aime le genre humain. Avec le temps il a réfléchi au fait que l'on puisse devenir « horsain » de soi-même. On doit faire attention à ne pas quitter la route. Il l'a quittée un peu, très légèrement, à la mort de son père. On pense qu'il n'a rien changé à ses habitudes, pourtant lorsqu'ils sont allés chez le notaire à Cherbourg pour signer la tutelle du petit frangin, il a pris une belle décision en achetant son petit poste de radio pour sa famille. Ce petit poste a changé beaucoup de choses : dans sa solitude, il l'a ouvert à une intelligence extérieure, « une intelligence horsaine », une ouverture vers la pensée des philosophes. Bien sûr il n'a, pense-t-il, probablement pas tout compris des émissions entendues, mais il a beaucoup réfléchi dans ses champs à ce qu'il a entendu, aux débats d'idées, aux divergences politiques. Un bouseux, c'est aussi un homme qui pense. Cela peut paraître étonnant pour les messieurs énarques, « les autorités à cravate », mais Paul a cette petite prétention d'avoir une idée bien à lui sur l'âme humaine sans mettre de grands mots sur ce qu'il lui arrive de penser. De grands mots d'ailleurs, il n'en a pas dans son dictionnaire, il sait qu'il restera toute sa vie humble et petit. Pas besoin de mots lorsque le secret de la nature interpelle « Paul », pas besoin de mots. Les mots parfois changent, transforment le ressenti, les mots il les vit. Il les vit dans sa solitude, en ayant attendu des temps meilleurs, en attendant que la marée « remonte » lorsque les gens se fâchent. Il apprend à quitter cette terre doucement, loin de la jalousie, son cerceau, son petit barriquot, ne déboule plus les rues d'Auderville à toute vitesse. Il traverse les brumes et les jours de grand soleil avec la même espérance.

Aujourd'hui, Paul ne croise plus personne dans les champs, sauf les touristes, les horsains justement. Il apprécie de causer avec des étrangers, dans les champs paysans désertés. Certains parlent un certain patois, un patois informatique, mais peu importe, ce patois-là il l'accepte. Le progrès semble s'être arrêté dans sa modeste ferme aux techniques archaïques, il a refusé les engrais, les pesticides, le remembrement, il n'a pas coupé ses haies, il n'est donc pas obligé de les replanter comme d'autres le font dans certaines régions. Tout autour de lui, le progrès mouline tout sur son passage, et comme les chaluts farcis comme des baleines, il déverse son lot de déchets sur la vie humaine, et certains hommes, pas tous, s'en contentent sans même réfléchir à ce qu'ils avalent comme « conneries ». S'il avait eu la chance d'être instruit et philosophe, il aurait écrit un essai au sujet de sa phrase préférée : « Il n'est jamais trop tard pour bien faire. » Paul est maintenant certain que l'on se sent moins seul avec les mouettes lorsque les hommes disparaissent, lorsque ses paysans compagnons d'autrefois, avec qui il taillait une bavette, partent en ville pour travailler et vivre ailleurs. Paul, malgré son métier de cultivateur, pense qu'il n'est pas cultivé, mais à ma question : qu'est-ce qu'un philosophe ? Paul a répondu :

– C'est un homme ou une femme qui prévoit, à force de penser, le temps et l'avenir.

Je suis allée à la rencontre des gens qui apprécient Paul et qui le connaissent depuis longtemps. J'ai découvert à Saint-Germain-des-Vaux un homme vraiment drôle et gentil, qui connaît, comme Paul, la Hague, sur le bout des vagues. Pierre Ladvenu est un « personnage » bien connu de tous dans la pointe. Il déambule constamment dans les cailloux du bord de mer et les chemins creux pour rencontrer du monde. Paul a bien voulu me parler de ses liens avec Pierre et Pierre a bien voulu me parler de Paul. Ces deux-là sont unis par la même joie de vivre et d'être nés « dans le plus beau pays du monde ». Unis par une même amitié, mais aussi par une grande foi en Dieu. Ils atteignent tous deux l'exigence qu'implique le mot fraternité.

LA VACHE QUI PARLE

Pierre Ladvenu, l'un des amis de Paul, habite Saint-Germain-des-Vaux et possède une vache prénommée Marguerite. Marguerite parle et Pierre parle à sa vache. Lorsqu'il est devenu membre du secteur paroissial, Paul et, lui sont devenus amis. Il est pour lui comme son frère et, comme lui, il a besoin d'attachement. Le 29 juin, c'est la Saint-Pierre et Saint-Paul. Ce jour du calendrier, ils s'adressent pour leur fête commune quelques mots gentils. Cet ami partage ses misères, ses différences, ses bêtises. Égaux, pourtant, Pierre est champion de bavette : il se promène chaque jour et en toutes saisons avec l'intention de faire de nouvelles rencontres, dans le creux des chemins, des petites chasses et au bord de la côte. Il descend souvent au mignon petit port Racine, port lilliputien, nid douillet des minuscules bateaux des pêcheurs traditionnels de la Hague. Il va comme Paul à la mer, à gravage, pour ramasser des planches et des objets insolites sur la grève. Gravage couvre l'essentiel de leurs conversations, surtout lors des gros coups de mauvais temps. Le coffre aux trésors qui s'étale le long des plages semble infini. Paul et lui se racontent « leurs trucs ». Après leurs réunions paroissiales avec les prêtres, le bavardage commence dans la voiture sur le chemin du retour, puis se poursuit chez l'un ou l'autre devant un bon café. Pierre a une autre idée que Paul sur la mer. Il n'habite pas face à elle comme lui. Il va la chercher plus loin dans les terres, ça change presque rien, mais le ressenti n'est pas le même, il vit moins avec le raz Blanchard scellé en lui ! Pierre a une autre idée de la terre. Chez lui, le temps du progrès ne s'est pas arrêté comme dans la ferme de Paul. Cela ne l'empêche pas de l'apprécier comme ami. Il possède une mouette qui vient manger son pain chaque jour sur le toit de son étable, bien sûr sa mouette est un gros goéland argenté, dodu comme un canard !

Pierre est connu dans la Hague, pour sa vache qui parle mais aussi pour sa gentillesse. Lorsqu'il lui donne ses granulés à l'étable, il lui explique :

– Marguerite, si tu ne réclames pas tes « bouchons », tu n'auras pas ta ration !

– Meuh, meuh, qu'elle répond !

En fait, il la soupçonne un peu de meugler dès qu'elle entend les pas de son maître...

Pierre parle souvent de sa vache :

– Une vache exceptionnelle, elle nous raconte avec ses yeux, elle s'exprime. Elle m'aime, c'est reconnaissant une vache. C'est un pot de fleurs, c'est la mienne, je m'en suis approprié le titre de propriété !

Sa vache a treize ans et possède, il est vrai, une robe tachetée assez extraordinaire pour la région. On ne sait pas bien où elle a attrapé ses gènes.

Pierre est né le 23 octobre 1922, pas gros et petit. Sa grand-mère en le voyant s'est exclamée :

– Fôrait byin renvyaer d'où qui vyint, pour qui r'prenne eune miette c'riqueu là.

(Faudrait bien le rentrer pour qu'il grossisse un peu encore ce petit-là.)

Comme Paul, son ami a eu une maman douce. Pierre a des grandes idées sur l'agriculture, il en parle passionnément, il la défend vigoureusement et politiquement. Il salue la retraite, ceux qui ont eu cette idée devraient, selon lui, recevoir la reconnaissance. Autrefois, au temps des misères, jusqu'à quatre générations d'hommes et de femmes vivaient sur leurs biens jusqu'à leur mort, le moindre incident ou accident mettait en péril leur fragile équilibre, et bien des fermes se sont vendues, ont même parfois cessé leur activité, parce que des maladies ont ruiné en frais de médecine leurs exploitants. Les jeunes autrefois s'occupaient de leurs vieux, des grands-parents puis des parents, il a bien fallu s'adapter, pense Pierre. Pierre a toujours été blagueur : au retour de son certificat d'études, le soir sa mère l'avait surpris en rentrant marqué d'une grosse balafre d'encre sur la joue. Les écoliers avaient fait les fous dans la classe en jetant des papiers et une fille l'avait maculé d'un coup de règle trempée dans l'encrier. Il assure que ce fut la seule « dévergonderie » de sa jeunesse... Il avait d'ailleurs oublié de préciser à ses parents qu'il avait été reçu premier de canton, ce n'est que le lendemain qu'ils l'apprirent dans le journal. Pierre est très apprécié dans la Hague. Jeune, il a fait partie de la Jeunesse agricole chrétienne (Jac) qui organisait des spectacles de théâtre ainsi que des débats d'idées. Mais ce qu'il nous raconte de plus étonnant, c'est comment lui vint l'idée d'aller à la messe « des jeunes filles des enfants de Marie ». Elles portaient tous les dimanches leur ruban bleu ciel en écharpe à la messe et leur vierge en or autour du cou et allaient à la communion une fois par mois lors d'une messe basse privée. À cette époque d'avant-guerre, on communiait seulement les jours de fête. Interpellé par cette injustice, les garçons en étaient privés, Pierre a décidé :

– Le bon Dieu, c'est pas qu'pour les femmes, j'y vais aussi !

Il s'y est rendu tout seul la première fois puis quatre amis l'ont suivi dans cette aventure le mois suivant. Pierre est nostalgique. Petit à petit tous ses amis d'enfance décèdent, ils ne peuvent plus partager leurs souvenirs, alors il les partage avec Paul, de huit ans son cadet, et d'autres, aux réunions de la paroisse. Si Paul écrit des carnets, Pierre écrit des lettres. Lors d'une année de sécheresse, son père avait donné du foin à des agriculteurs dans le sud de la France, et il avait glissé une lettre dans une balle de foin. Depuis, il continue d'écrire aux personnes qui avaient répondu et chaque année il reçoit d'elles des petites nouvelles. Aux touristes qui lui demandent où sont les menhirs dans la région, il indique les *gratteux* à vaches, les grosses pierres plantées dans les champs depuis des siècles, auxquelles les vaches agressées par les taons se grattent les poils ! Lorsqu'il nous raconte ses blagues, nous ne sommes jamais loin de nous étouffer de rire.

D'ailleurs, Pierre dispose d'un grand rire frais d'enfant adulte, un grand sourire d'hiver.

Pierre est un homme heureux, mais son plus grand bonheur fut le temps de ses fiançailles, lorsqu'en cachette il voyait sa future femme. Ce temps de bonheur dura quatre ans. Ils obtinrent ensuite tous les deux le droit de s'épouser et de se marier, ce mot anagramme du mot aimer.

L'ami de Paul est veuf. Le temps d'aller chercher du pain au petit camion et sa femme est morte dans ses bras, d'un coup comme cela, en une seconde, dans ses yeux, dans leur petite courette devant leur maison. Il dit que s'il avait pu, il lui aurait donné son cœur tellement il l'aimait, oui, Pierre a aimé sa femme plus que sa vie. Lorsque deux êtres se rencontrent, deux moitiés ne cousent pas un vêtement pour une seule personne. Nul ne remplace ce qui manque à l'autre, un bras, une jambe, une intelligence. Ils créent une forme d'histoire, de mémoire, dans laquelle ils ne font non plus un ou deux mais trois, ils créent une entité, une sorte de costume dans lequel chacun habite et se réchauffe. Lorsqu'on enfile ce pardessus d'amitié imprimé de rayures humaines, dans le respect des idées de chacun, « on se sent véritablement meilleur », pense Paul.

Ici les chemins des douaniers conduisent tout le long du pays, ils ne mènent pourtant nulle part. Bordés par l'océan, ils disparaissent dans les entrailles de la mer et du vent. Dans la Hague, on aime la terre et la mer. C'est de naissance, c'est comme cela. Sur une presqu'île, on a rarement envie de s'engouffrer vers les terres et dans l'horizon, on regarde vers la ligne bleutée de l'océan. Ici, pas de forêts touffues ni de collines de fleurs, seulement des landes fauves et des étendues de granit, et parfois dans nos vies et dans nos jours, le brouillard fait son apparition.

LE BROUILLARD

Paul possède un jardin de terre pour ses légumes et ses fleurs, pour la nourriture humaine et la nourriture des bêtes. Il en possède un second, « la basse *iau* ». Lors de la marée, il ramasse des fruits de mer, des crabes et toutes sortes de poissons. Son oncle, lui et Auguste se sont partagés chacun un coin du territoire d'eau. Paul a repris celui du père et, selon les années, l'un d'eux pêche mieux que les deux autres. Paul, comme beaucoup d'autres experts, pêche le homard au croc dans les trous d'eau. Muni d'un bâton où est accroché un croc de fer, il chasse le homard bleu à la chair délicieuse et ferme. Pour savoir si le trou est habité, il pose le bâton sur son oreille et écoute, comme s'il s'agissait d'un stéthoscope, la résonance, les cliquetis de l'eau. Paul montre ses coins à homards à ceux qui le lui demandent, mais seulement les jours de brouillard, lorsqu'on ne voit pas à cinq mètres, et à la lune basse ! Lors d'une nuit sans lune donc ! Il *beite* (appâte) ses homards avec du crabe ou des étrilles et il pêche toujours beaucoup, s'il se compare à d'autres pêcheurs de basse *iau*, il est assez content de lui. Paul attend près d'un trou, il respire à peine, et hop une bestiole s'accroche à son crochet. Il ne dévoile pas ses trous, discrètement il les retrouve, personne ne le voit, personne ne sait. Un jour, pourtant, un jour de brume comme il les apprécie particulièrement, il marche longtemps et il s'éloigne vraiment de sa place habituelle. La mer dans sa furie a charrué du sable et en a enlevé à certains endroits. À chaque marée son jardin de mer change : cette pelouse d'algues prend une autre figure, plus dense ou plus clairsemée suivant les marées. Les rochers disparaissent et réapparaissent parfois des marées, des années plus tard. Donc, il galope joyeux et gai, personne de la côte ne devine sa présence. Il tente bien de reconnaître quelques roches, il déambule en pensant aux affaires de la ferme. Soudain les ténèbres le recouvrent, il disparaît, transparent, dans une sorte de légèreté, un bien-être incomparable, et comme ses *maôves*, ses mouettes, il étale ses grands bras. Il vole, mais atterrit brutalement sur le dos ! L'eau le recouvre d'au moins un mètre. Paul est tombé dans un trou d'eau, il a fait un malaise. Il se débat quelques instants, très faible il a du mal à reprendre sa respiration. Trempé comme le pain dans la soupe, il s'assied sur le sable en regardant l'océan, il râle en l'apostrophant :

– Bon sang, t'as failli m'avoir !

Quelques jours plus tard, Paul est en train de traire. Lorsque la brume monte, elle monte d'un coup. Il aimerait à chaque fois la repousser des yeux, à l'aide de sa seule force mentale, mais elle l'envahit petit à petit. Elle glisse dans son dos, dans ses reins, lourde comme une masse, puis l'étreint de sa main d'acier. Pour ne pas avoir les os congelés par le grésil, il se dépêche et exhorte ses frangines à faire de même. Comme elles ne vont pas assez vite selon lui, il descend rapidement les seaux à lait, il connaît son clos (champ) caillou par caillou. Il court, il a froid et ça l'agace. Un brouillard fou l'emmitoufle et l'étouffe. Sans se rendre compte, il dévie de sa route. Soudain patatras, il tombe dans le grand abreuvoir rempli d'eau de pluie situé un peu avant la barrière. En apesanteur, il se cogne la tête et perd un peu « la boulette ». Les frangines, se dit-il, ne vont pas l'entendre dans ce mur de crachin, de mousse d'eau fouettée par le temps. Son corps lui échappe, les deux seaux fichent le camp et il reconnaît dans sa bouche le goût du lait. Rassuré d'être vivant, il se retrouve au fond du broc sous un mètre vingt de profondeur. Ses frangines finalement arrivent en riant et l'aident à ressortir de sa baignoire, Françoise s'amuse :

– T'es tout propre, t'as pris ton bain du soir et tu sens le lait !

Seulement, l'eau dans ses bottes le maintient au fond, il met du temps à se dépatouiller de sa situation. Son ciré est tellement mouillé et son froc si trempé qu'il les enlève pour ne pas salir sa voiture neuve : c'est bien la seule fois de sa vie que Paul s'est promené en culotte dans sa vie ! Il subit la risée des filles, elles se moquent de ses pauvres « pattes maigres » qui vont devenir toutes violacées. Ce sont des jours comme ceux-là où il apprécie plus encore le trio formé par les Bedel. Cette solidarité, cet amusement lors des tâches de tous les jours, dans le brouillard ou sous un beau soleil. Cet attachement qu'ils se portent à la lumière du monde, à la lumière du jour, même en pleine nuit dans un champ aveuglé de brouillard. Cette amitié et cet amour, fraternité pour ses frères et sœurs, ont commencé dès leur naissance. Après Françoise née en 1937, en 1943 puis en 1947 deux naissances dans leur famille s'annoncèrent encore. Une petite poupée vivante qui galope en suivant ses pas, une petite robe flottant dans les champs, un rire de toutes petites choses, un émerveillement. Paul a treize ans lorsque Marie-Jeanne, sa petite sœur, naît. Ce petit bébé qui sait déjà ce qu'elle veut, *cabochue* (têtue) mais gentille, émerveille ses jeunes années perturbées par une maladie et la guerre. Elle possède dès son plus jeune âge, comme Françoise, un attachement viscéral à la terre, une prédilection presque religieuse, en tout cas mystérieuse, un secret que l'on ne peut pas facilement lui faire avouer maintenant. Françoise et lui se sont occupés également du petit frangin, né en 1947. Dès qu'il trotte, il le traîne avec lui dans les champs, Françoise, en grande sœur, a toujours un œil sur lui heureusement. Il met ses mains partout, explore ce terroir si particulier, si isolé de leur presqu'île. À vivre ensemble tous, les liens deviennent fort amarrés à leur ferme.

Leur père, habitué aux blessures de guerre, ne se plaignait jamais. Il écrivait malgré ses doigts en moins. En marchant dans ses pas, Paul essaie de l'imiter, il prend soin de son corps lors des lourds travaux des champs : en se mettant à genoux contre la terre, il ménage ses reins. Son matériel agricole a vieilli, il devient dangereux pour ses mains. Un jour de fauchage, après une nuit de pluie sous le ciel lavé à grands coups de jets d'eau, il admirait les feuilles solides des arbres de la haie, plus vertes encore, formant des touffes « de salades » au-dessus des branches au dessin net. La faucheuse se coince. Il descend, comme un jeune homme, du mauvais côté. Contrairement à l'habitude, il oublie de débrayer, et la faucheuse non contente d'avaler l'herbe le fauche à son tour ! Ses pieds glissent, le métal se rapproche et ses quatre doigts sont piqués profondément. Pris de terreur, il hurle :

– Cochonnerie ! Paul, tu fais attention à ce que tu fais, ça t'apprendra pour un autre coup !

Il se serait bien fichu une bonne raclée. La même année, il venait de charger du foin et la famille bottelait le samedi et le dimanche pour rattraper la mauvaise semaine chargée de pluie. Le jour du Seigneur, il ne travaille jamais, mais ce jour-là, malgré un sentiment de culpabilité partagé, il s'y sent obligé, et ses frères qui travaillent en ville peuvent l'aider en fin de semaine.

– Dis donc, propose son frère, pour leur faire faire un voyage de moins, on va ramener la ratteleuse derrière le voyage de foin.

Paul lui répond :

– J'ai pas de corde pour l'y atteler !

– T'as qu'une chose à faire, c'est de tirer le licol de la jument

– Non, non et non, pas question !

Une intuition le prend, la chair de poule l'envahit, les paroles du père lui reviennent : ne jamais sortir de la prudence, rester concentré tout le temps. Et il a encore les doigts abîmés, ils sont à peine cicatrisés. Pourtant, son frère tire le bridon puis le mors. Paul le passe par-dessus la première oreille de la jument, repasse le bridon sur l'autre oreille. La jument lève sa tête d'un bon coup, le bridon tombe par terre, rien ne la retient plus. Quand elle regarde la hauteur du foin chargé sur son dos, elle est prise de frousse : ses yeux deviennent tellement noirs qu'ils en paraissent transparents. Paul y entraperçoit les enfers et essaie de la calmer, il la prend par la crinière. Rien à faire, elle lui file un coup de patte et Paul tombe dans le chemin. La jument part au galop et lui claque le torse contre le pied du mur de l'entrée. La roue arrive alors vers son thorax, il se ratatine et ses jambes poussent les pierres, s'incrustent dans la végétation. Il a le temps de tout ramasser avant que le moyeu de la voiture ne lui tape sur le nez : il est défiguré mais vivant ! La jument sème le foin le long de la route. Ce dimanche-là vaut deux dimanches de travail. Une fois encore la mort l'a frôlé mais ce n'était pas son heure.

Les blessures physiques sont remarquées par tous ; pour celles du cœur, c'est autre chose. Il pensait depuis toujours ne pas être préoccupé par la perte des biens matériels, il en possède si peu. Pourtant sa certitude va être mise à l'épreuve une nouvelle fois, il va soudain être happé par le doute, et ce doute va ébranler ses vieilles évidences, réveiller ses grandes peurs des années de guerre. Le brouillard se lève avec les flammes...

L'ÉTABLE

Il n'y a pas si longtemps une explosion caractéristique secouait les Haguais sur leurs oreillers de plume, toujours à la même heure, vers onze heures du soir. Le ciel éventré grondait sa colère, il claquait puis semait ses éclats dans les sommeils. Paul râlait un peu puis se rendormait rapidement, emmitouflé dans son matelas de laine bien chaud. On s'écriait toujours :

– C'est le Concorde qui passe le mur du son !

Ce bel oiseau de technologie nous en mettait plein les oreilles, à des milliers de mètres de nos têtes, jusqu'au jour où, à force de gonfler son jabot, il explosa à Gonesse en tuant ses passagers. Le ciel soudain muet résonna pourtant longtemps des voyages que Paul ne fera jamais. De cette richesse à jamais inaccessible, en aucun cas enviée, en tout cas inexpliquée, de cette rapidité dont ont besoin les hommes pour aller, venir ou revenir, il ne resta rien, qu'une pièce de musée.

Ce soir de fin d'été, Paul n'est pas encore couché, il fouille dans les articles du journal *La Presse de la Manche* les petites nouvelles qui lient les gens et les villages, avec leur vie ou leur mort, dans les rubriques nécrologiques. Son frère lui apporte le journal le lendemain de sa parution lorsqu'il a fini de le lire. Cela lui fait une occasion de venir le voir, et lui a du papier pour allumer son feu au petit poêle ou dans sa cheminée. Soudain le chat se met « à faire un commerce » à la maison. Il se jette comme un « dératé » dans tous les coins. Le pensant pris « de la caboche », Paul l'envoie dehors :

– T'es fêlé de la caboche ! Quand tu seras remis, tu reviendras !

Dans la famille ils l'appellent de tous les noms, ce chat. Ils en ont toujours un qui traîne mais celui-là est particulièrement attachant et malin, et cette scène laisse perplexe.

En refermant la porte, Paul pense entendre le Concorde ou plutôt un autre avion, car depuis longtemps déjà le ciel n'accueille plus son vacarme nocturne. Ils l'ont remisé, il a coûté des milliards et on l'a mis au rancart, puni d'avoir trop brillé. Toutefois quelques minutes plus tard, il entend une deuxième explosion. Paul réfléchit : le mur du son une fois c'est possible, mais deux fois c'est très improbable ou il aurait fallu deux avions. Il sort pour scruter le ciel et, pris d'un remords, appelle le chat :

– *Matou, matou ! Vyins t-en par chin !*

(Matou, matou ! Viens par ici !)

Parce que, bien évidemment, les bêtes chez eux comprennent aussi bien le français que le patois ; toutefois la grosse boule de poil a disparu.

Françoise, elle seule, sait lui parler « comme il faut » mais elle passe la soirée chez une amie. En le cherchant, il finit par regarder sur le toit des étables : une grosse fumée monte vers le ciel, son étable brûle ! La veille, il a fini de rentrer le foin. En 1998, l'été gorgé de pluie a reculé la date des foins et le foin rentré des collègues en juillet pourrit déjà. Lui a fini de le rentrer hier. On l'a traité gentiment de veinard ! On lui a dit qu'il avait eu trop de bol !

Il crie à Marie-Jeanne d'appeler les pompiers sans lui dire plus de détails :

– Y'a le feu, appelle les pompiers !

La malheureuse hésite à tourner les numéros du téléphone, alors il prend le combiné et baragouine un appel au secours. Puis il court jusqu'à la route pour indiquer aux pompiers la direction de sa maison. Il s'énerve à attendre. Voyant sa panique, un couple d'estivants se propose de l'aider et va rejoindre Marie-Jeanne à la maison. Paul paniqué attend et l'éternité lui tombe sur le dos. Il passe tous les scénarios catastrophiques possibles et imaginables en revue.

Il aperçoit au loin les lumières des camions rouges. Son cœur reprend un peu espoir mais il perd complètement patience, il n'a pourtant attendu que quinze minutes. Le temps avec la peur surgit tel l'enfer. Les pompiers prennent les fourches et sortent les balles cramoisies de l'étable, leurs fumées s'élèvent dans le ciel, fragiles tout autant que menaçantes. Ils les jettent sur l'herbe de son champ, en face. Paul a mal partout.

Battues par les fourches, elles se résignent enfin à se taire. Puis les événements s'enchaînent, se précipitent, les tuyaux d'eau crachent, inondent, les ordres fusent. Impressionné, il préfère rentrer dans la maison, ne pouvant plus regarder la scène. Les gendarmes arrivent et font un constat. Paul a perdu toute sa récolte de l'année.

Les années grasses, il met 1000 ou 1500 balles de côté, une poire pour la soif, pour soutenir l'année maigre. Il pioche parfois dans les réserves mais rarement. Cette année d'incendie, il perd 2000 balles de foin, 2000 balles de sueur et d'effort. Assuré, il sera remboursé mais les flammes hantent ses nuits durant de longues semaines. L'électricité, ce n'est pas de la bricole dans ses granges : elle avait été refaite récemment avec des gaines. Alors dans son cauchemar, parce qu'un incendiaire, cette nuit-là, a mis le feu aux landes de Vauville, tout près d'ici, quelques heures après son accident, il réfléchit. Tout comme le gendarme, il doute. Il pense qu'une personne a pu mettre le feu à son « beau foin, « son trop de bol », son foin attendu jusqu'en septembre. Le feu a pris à droite, là où son étable s'ouvre sur deux petites ouvertures sans carreaux dans la rue. Ses nuits se peuplent d'un incendiaire sans visage qui lance une allumette dans son étable et s'amuse de sa misère, de son chagrin, de sa panique. Il n'apprendra jamais la vérité, mais son cœur à cet instant commence à moins bien fonctionner. Quelques semaines plus tard, Paul a mal dans un bras et il se trouve essoufflé sans raison, la blessure vient du fond de son âme. L'ombre des soucis l'a atteint au plus profond, il se rend compte combien il aime sa terre et son travail. Comme une servitude, elle lui appartient et il lui appartient « naturellement ». Ce qu'a subi sa récolte, il le subit. Paul est un être cultivé, non pas d'instruction mais de terre, Paul est un homme cultivé de nature et soudain il se sent vieillir.

ARRÊTER DE VIEILLIR EN PRENANT DE L'ÂGE

Après l'accident de l'étable et les grandes flammes qui ont failli dévorer son exploitation, atteint au cœur, il fait un accident cardiaque. Il ne se rend pas vraiment compte mais son bras lui fait mal et il est essoufflé. Son docteur l'envoie chez le cardiologue. Il attend dans une salle d'attente assez longtemps son tour car il a obtenu un rendez-vous « ajouté » : il doit passer entre deux patients déjà prévus. Un homme attend avec lui et ils nouent conversation. Pour se situer, ils dévoilent leur métier respectif : Paul lui explique sa petite production de beurre et de volailles, ses bêtes, ses moissons. Soudain, comme ébloui, l'homme annonce :

– En somme, vous êtes un agriculteur et un producteur de viande bio !

Le paysan de la Hague fait l'innocent en ne comprenant pas le mot bio, en patois beau se prononce *biau* ; il répond :

– Non, j'suis pas *biau* j'suis même vieux gars, personne n'a voulu de moi. J'ai le nez et la silhouette crochus !

Un petit froid passe dans la pièce, et l'autre de reprendre :

– Enfin monsieur, je ne me permettrais pas de vous juger au point de vue physique, je veux dire bio comme biologique, vous ne connaissez pas le mot ?

– Ah ! crie presque Paul en se tapant la cuisse et en pivotant sur sa chaise de bas en haut pour ne pas montrer qu'il pouffe de rire. Vous voulez dire bio, comme on parle à la télé.

Non, je ne suis pas bio du tout, ni biologique, mais je produis naturellement, je suis un agriculteur au naturel !

Le patient se renfrogne un peu, il a l'air de prendre Paul pour un abruti, et Paul adore cela. Mais Paul se rend bien compte que l'homme a compris qu'il se moque de lui, alors il lui explique avec malice :

– Vous voyez, pour moi le mot bio n'a pas de sens car nous n'aurions jamais dû avoir besoin de l'inventer.

C'est son tour, le cardiologue vient le chercher. Comme il parle fort, le médecin a entendu leur conversation et lui annonce en jetant un coup d'œil sur ses analyses :

– Monsieur Bedel c'est bien, vous n'avez pas de cholestérol, ça doit être grâce à ce que vous produisez et mangez !

– Quelle nouvelle ! Évidemment que je ne peux pas en avoir, les choses naturelles s'assimilent dans le corps d'une façon spontanée. Pourtant, du beurre et de la crème, j'en mange à pleine louche.

– Je veux bien vous croire, cher monsieur, c'est même sûrement vous qui avez raison, mais en tout cas même si ce n'est pas le cholestérol qui vous a bouché les artères, il va falloir vous reposer !

– C'est un bien joli mot le repos, mais c'est pas toujours facile à s'accorder dans une ferme, voyez-vous.

Une heure plus tard, sur une table d'opération, le toubib lui débouche les artères sous anesthésie locale après avoir introduit un petit tuyau dans sa cuisse. Il raconte aux infirmières la conversation qu'il a entendue de Paul et de son autre patient. Pendant près de deux heures on lui triture les tuyaux et la bonne humeur de tous l'aide à se détendre.

En sortant, il lui rédige un arrêt de maladie pour six semaines ! Son frère le reconduit chez lui, et le soir il se couche vraiment fatigué, sans même avoir soupé. Mais dans la nuit, une vache vêle. Il se lève à toute vitesse et passe avec elle le reste de la nuit ! Depuis cet incident, Paul garde dans sa poche un tube de comprimés. Il ne lui a pas encore servi. À l'intérieur, dans son capuchon, il a collé une médaille de Lourdes qu'un jeune garçon lui a offerte à son retour d'un pèlerinage autrefois. Ainsi, au cas où, il a toujours sa médaille et ses médicaments tout près. Les deux peuvent servir : en cas d'attaque, il est préférable d'être solidement armé !

Durant son enfance, Paul a avalé très peu de sucre ou de sucreries, pourtant à quarante ans, ses dents sont si cariées qu'il a fallu les lui arracher ; il arbore une bouche toute *pourite*. En prenant rendez-vous avec le dentiste, il en attrape le *trêlu*, la grande frousse. Les hostilités commencent en janvier 1970 : une grosse grippe lui laisse des douleurs terribles dans les bras et les jambes. Il pense annuler ses rendez-vous chez l'arracheur de croquettes, mais les Bedel n'ont pas le téléphone et s'il se déplace pour annuler, cela veut dire qu'il peut y aller ! Le mardi 20 janvier, il lui en arrache deux et tout se passe pour le mieux. Paul en profite pour passer chez le vétérinaire car leur vache Rosine a le ventre dur. Il a la bouche toute endolorie, comme s'il s'était pris un tronc d'arbre dans la figure, et il se demande s'il n'a pas la bouche « de traviole ». Il baragouine deux, trois explications et le vétérinaire lui donne le médicament en retenant son rire. Ensuite, il ne reste pas à traîner dans le bourg de Beaumont, il rentre bien vite chez lui. Le lendemain, il y retourne pour les deux grosses dents du bas ! Le 28 janvier, rebelote, mais là il a drôlement confiance. Puisque les quatre premières se sont bien arrachées, alors « on fait tout d'un coup » et le dentiste lui en arrache quatre ! En sortant, il doit aller s'acheter une paire de bottes en caoutchouc. Dans le magasin, il a tellement mal au palais que la vendeuse de la Casam, la coopérative agricole, ne reçoit ni son bonjour, ni son merci : il grommelle, il fait l'âne tout anesthésié. Le 11 février, le toubib des dents à qui il raconte ses misères a pitié, il lui en arrache seulement trois ! Mais la bouche est pleine de dents comme tout le monde le sait, il lui en reste sept. Quatre, celles de devant, partent le 18 février à la poubelle, et le dentiste lui précise sérieusement :

– Monsieur Bedel, je vous mets du coton pour éviter l'hémorragie, tenez-le bien serré jusqu'à votre retour chez vous et même plus tard si vous le pouvez ! N'ouvrez pas la bouche.

Il lui fourre un grand morceau de gaze sur le devant la bouche, Paul resserre ses lèvres, le coton ne se voit pas. Mais il a emmené avec lui une voisine qui a besoin de se faire plomber les dents. Elle est passée avant lui et l'attend dans la salle d'attente. Sans un mot, ils montent dans sa vieille Juva 4. Il démarre. Il est très pâle et elle s'inquiète :

– Dis donc Paul, tu ne vas pas nous tomber dans les pommes ?

Il ne lui répond pas, alors elle s'énerve, elle lui tape sur le bras de peur qu'il s'évanouisse. Il la repousse avec son épaule :

– Réponds-moi bon sang, tu peux bien m'dire !

Il n'a qu'une idée en tête, la déposer chez elle et rentrer se reposer à la maison, mais la Juva se met à toussoter et ils tombent en panne devant l'usine, sur la route de Jobourg !

Il descend sans explication, pour frotter les bougies, avec sa tête bouffie. Gonflée, la bouffissure prend dans les yeux. Quand il remonte dans l'auto, la bonne femme continue de le secouer, de le taper sur le bras, et il commence à avoir aussi mal au bras qu'à la *goule*, la figure. La voiture heureusement redémarre, il pleut à verse. Ils arrivent devant chez elle et il ne descend pas de la voiture, toujours avec son morceau de coton bien serré entre ses gencives. Il lui fait un signe de la main pour lui dire au revoir. Vexée, elle ouvre la porte de son côté :

– Paul, tu vas v'nir boire au moins le café et m'dire c'qui t'a fait l'arracheur de croquettes pour te mettre dans un tel état.

Le malheureux fait un signe négatif de la tête, sa tête qui bouillonne. Elle claque la porte, mécontente. Le lendemain, au petit matin, elle déboule chez lui toujours aussi énervée et il lui explique sa mésaventure :

– Jé n'pouvaeais pas t'prêchi, j'avaeais la goule plleine de ouate !

(J'pouvais pas te parler, j'avais du coton plein le bec !)

Il attend son départ pour aller, tout édenté et souffreteux car il ne peut plus rien manger de solide, repiquer sa salade et épandre le fumier sous un ciel de gros temps, nord, nord-ouest. L'agriculteur a mal partout. Lorsqu'on souffre de la bouche, le corps entier fait mal. Pourtant il n'est pas du genre

« à se tâter pour savoir où il a mal ». Les trois dernières dents sautent enfin le 4 mars, il paie les trente mille six cents francs (anciens) pour l'arrachage seulement ! En sortant de chez le dentiste, lorsqu'il remonte dans sa voiture, il y a une ondée de neige : glacé, édenté, délesté d'une grosse somme d'argent, congelé en plein mois de mars, pour la première fois en pleine journée, il irait bien se coucher !

En juillet, après des semaines de régime bouillies et soupes moulinées, il part enfin chercher ses dents ! Le premier du mois, le dentiste contre cinquante-huit mille francs, toujours en anciens francs, lui pose son *râtier*, son dentier. Fier de ses nouvelles dents, il entre à La Poste puisqu'il est enfin de nouveau présentable. La guichetière le connaît bien et au moment de parler, surprise ! Il n'ouvre pas la bouche. La jeune femme est prise d'un éclat de rire. Il sourit avec elle, prend son petit carnet et note le nombre de timbres dont il a besoin. Il écrit : « Ai nouveau dentier, mets-moi six timbres », et elle repart à glousser dans une bonne humeur communicative. Ce n'est ni l'heure ni le bon moment de faire le beau !

Peu à peu Paul vieillit, pourtant tout ce qui est jeune dans ce monde semble meilleur. Les vieux et les choses sont mis de côté, pour être attachant il vaut mieux être jeune et en bonne santé. On ne répare plus les objets, on les jette et on les rachète sans tenter de les réparer. Paul est l'un des seuls de la région à aimer encore son vieux tracteur. D'autres agriculteurs l'auraient remisé dans un hangar à la merci des crottes d'oiseaux et de la rouille. Que l'on soit homme, bête ou tracteur, il semble préférable de retenir le plus longtemps la jeunesse. Le monde est vieux, pourtant personne n'a l'idée de rejeter « le monde dans son entier ». Une vie doit vieillir pour se bonifier, devenir plus sage, selon Paul. L'apparence nous menace, le corps se grippe, il ne suit pas. Mais qui n'a pas déjà rencontré des gens bien plus dynamiques dans leur tête et dans leur corps à l'heure de leur retraite ! Personne n'a envie de boiter et d'avoir mal, personne n'a envie de perdre la boule, mais n'est-ce pas le regard des jeunes sur la vieillesse que l'on craint le plus ? Les vieux ont une histoire, les vieux sont donc l'histoire. En pensant à tout cela, Paul a « arrêté de vieillir en prenant de l'âge ». Un rien de rien lui fait plaisir et lui maintient sa part de jeunesse. Paul encore jeune a perdu ses dents, mais il les a réparées, de la même façon qu'il répare les objets de sa maison et les outils dont il se sert chaque jour pour l'exploitation de sa ferme. Il entretient avec le même respect ses amitiés, la fraternité et les choses matérielles qu'on lui a léguées.

Semer dans les pas du père représente pour Paul le tableau des couleurs et des peines de toute une vie. Il ne peut pas définir ses contours, ni tout a fait son paysage, c'est un tableau d'élève et non de maître qui peint l'ordinaire de toute sa vie. Il sème le grain en terre pour qu'il meure, pour qu'il pousse. Le grain meurt, il doit disparaître un instant sous la terre pour revivre, pour perpétuer ses plants. Paul, un jour, va s'esquiver, ses mémoires seront peut-être lues, il l'espère. Il m'a demandé de les écrire pour qu'on se souvienne qu'un jour un petit garçon fragile et sensible est devenu un homme libre, qu'il a choisi sa vie, et que, selon Paul, il ne faut pas attendre autre chose de l'existence que d'être libre de sa vie, en pleine nature, en harmonie avec soi-même, au plus près de notre vérité.

Je prête mes mots à Paul et nous écrivons ses mémoires ensemble, me raconter sa vie « le détend, il se repose à penser à son passé ». Je suis une enfant du pays. Je suis née là, quelques années après l'usine, à Jobourg. Je sème mes mots, glane des histoires. Sous les pas de Paul, j'entends comme lui nos légendes, et nos ancêtres ne sont jamais loin. Parce qu'ici, être né là, ce n'est pas autre part, c'est ici. Les mots se sèment, comme les graines, de lettre en lettre. Ils forment les phrases et les pages enrichissent les champs du souvenir, du pardon au bonheur, jusqu'au mourir.

HÉRITAGE

Paul a donc cessé de vieillir en prenant de l'âge, mais il a quand même mal partout. Aujourd'hui il est un peu désaxé, avec la retraite et l'arrêt définitif de l'exploitation, « il écoute ses douleurs ». Il les perçoit, alors qu'autrefois elles étaient bien là mais il ne s'y attardait pas. Il souffre de rhumatismes dans les articulations, et quand Robert, son petit frangin qui a presque vingt ans de moins que lui, bat à ses côtés, ses années lui pèsent. S'il se remet à battre l'été, même si son caractère reste jeune tout en pensant que, évidemment, « on ne peut pas s'éviter de mourir », ses muscles lui font particulièrement mal. Les douleurs, autrefois, il n'y pensait pas. Aujourd'hui, dans un champ, Paul marche avec un pas plus lent mais il garde le sourire. Sauf quand il fait sa tête de cochon, ce qui est rare. Avec les gens, il n'est jamais en colère. C'est pour cela, selon lui, qu'il ne vieillit plus, Paul est serein. « Le but de la création, c'est la vie qui n'a pas de fin, ça continue. » La vie terrestre est toujours en mouvement. Nous sommes « remplacés », le grain jeté en terre meurt pour reproduire une nouvelle semence, un nouveau grain. Ce que Paul a fait dans sa vie va rester marqué par le film de Rémi *Paul dans sa vie*, lui aussi enfant du pays, du village d'Herqueville. Paul par hasard confie « son maigre testament » à des spectateurs inconnus de lui et des lecteurs. Moi et Rémi Mauger, selon lui, l'avons fait réfléchir à notre manière à beaucoup de choses, enfermé tout seul dans ses pensées « il aurait vieilli d'un sens ». Il se serait peut-être laissé aller à l'ennui, il ne s'ennuie plus depuis le film. Il reçoit des gens étonnants et tellement gentils, des écoles d'agriculture arrivent aussi par cars entiers visiter sa minuscule exploitation. Tous s'extasient devant son tracteur, ce héros des « chasses » et des petits chemins de terre de la Hague. Ce qui l'a fait tenir et rester là, c'est sa foi. Dans sa vie, il y a eu de grands soucis, de grosses peines. Il s'est toujours mis sous couvert de sa foi car elle lui fait tenir dans la peine. Pour Paul, tout ce dont on parle ou bien que l'on écrit ou voit, « c'est humain ». Dans la foi, il y a quelque chose d'autre d'inexprimable et de plus grand, et pour lui il y aura toujours un mystère. La pensée, l'âme se dérobent et montent vers un endroit inconnu pas même matériel, qui reçoit nos questions et nous renvoie un écho. Paul ouvre son soi tout entier à cette résonance. Paul sait qu'il est bien plus petit qu'une montagne, mais pourtant renforcé par cette énigme cela lui donne une force de géant.

Paul, dans les pas du père, c'est une chose qu'il approfondit plus encore actuellement : le père marche dans l'avenir avec lui. Il n'a pas de descendance, il en porte la responsabilité sans en ressentir de culpabilité. C'est sa faute par rapport à ses paroles au père, lorsqu'il lui a promis de s'occuper de sa famille. Certains liront les paroles de *Paul, dans les pas du père* écrites. Aujourd'hui il témoigne de beaucoup de choses, il est le témoin d'une certaine connaissance, les semailles qui tombent, le fait qu'il se sente moins seul avec les mouettes. Mais, avant tout, Paul dans sa vie c'est Paul pour la vie ! Un hymne à la vie. Il pense, oui, il pense aujourd'hui à soixante-dix-sept ans savoir d'où vient vraiment la vie, mais il préfère encore garder avec lui un petit peu le secret !

SES TROIS DERNIÈRES

À une époque « où un vieux n'a même plus le droit de boiter en société », Paul raccroche. Il décide d'arrêter l'exploitation. Il est déjà en retraite depuis longtemps, mais il continue d'aider ses sœurs afin qu'elles puissent avoir tous leurs trimestres et leurs retraites. En 2004, tous trois décident d'arrêter, rompus, émus, mais heureux du travail accompli. Paul garde trois vaches, les vendre les tuerait, non pas les vaches mais Paul et ses sœurs. Trois vaches, plus chéries que les autres, restent dans les champs quelques mois encore, toutes ont « la tête de leur mère ou de leur grand-mère », c'est leur portrait craché, on ne pratique pas l'insémination artificielle chez les Bedel ! La sélection se fait depuis des lustres, bien avant sa naissance, déjà son père et son grand-père sélectionnaient les meilleures bêtes pour le lait, elles possèdent un pedigree. La Vigie, la Crampon, une garce que Paul aime bien, et la Blanche ne partent pas dans le premier camion.

Quelques mois plus tard, lorsqu'elles partent à leur tour, Paul tombe malade. Le marchand de bestiaux vient les chercher, il n'a jamais su si c'était pour l'abattoir, il lui demande de ne rien lui en dire. Lorsqu'il referme la porte de son camion, l'une, il ne sait laquelle, gueule tout du long dans la campagne, son cri résonne encore dans la pensée du paysan. Les jours suivants, il reste couché plus longtemps le matin pour rêver dans son lit en écoutant le raz Blanchard, il ne se lève que vers neuf heures. Il tourne en rond et se demande dans la journée s'il ne va pas déboussoler. Au bout de quelque temps, une personne le croise dans le bourg et le prévient :

– T'as vu ta mine, Paul, fais attention à ce que tu fais ! La page est tournée ! Ce que tu vis, nous l'avons tous vécu, il faut te reprendre et réinventer d'autres activités pour ta retraite.

Paul y réfléchit, pendant plusieurs semaines encore il se lève à peine le matin, et le soir quand il fait nuit, en cachette, en voleur de bonheur, il va faire un petit tour dans les « clos » voir les vaches des autres, les bêtes des autres, les moutons et les petits veaux et même les chevaux. Quand le beau-frère de son frère met ses veaux dans ses champs, il préfère attendre quelques jours pour aller les voir. Mais la tentation est forte et deux ou trois jours après, il part les voir « avec une pierre dans le ventre », l'angoisse l'étreint. Il arrive dans le champ : que ça sent bon le *viau* (veau) ! Il s'imprègne de leur odeur, l'odeur de son boulot, d'une vie, de sa vie, de son activité. Il ferme la barrière ; quand il était en activité, baigné par cette odeur il ne se rendait pas compte comme elle lui était essentielle et familière. Puis le succès du film lui a permis de rencontrer du monde, Paul innove sa vie, il l'accepte comme elle vient, avec le grand bonheur de pouvoir échanger sur son expérience de l'agriculture au naturel avec d'autres personnes, qui n'ont pas toujours la même idée que lui sur les façons de faire mais avec lesquelles il échange.

Aujourd'hui, sous l'apparence de la retraite, Paul germe encore comme une graine, il sème sa mémoire comme il fouille la terre. Toujours sacristain, un enterrement lui prend quatre ou cinq heures par jour. Les cérémonies, tout pareil. Alors qu'il n'avait pas été au cinéma depuis cinquante ans, « il y retourne pour voir sa tronche » selon son expression, dans son film, *Paul dans sa vie*. Il s'y raconte. Il a traduit son expérience de la nature, il en a extrait son terreau. Sur les images, il déambule un peu comme « une meule de foin ambulante », il arpente ses terres sans jamais en être esclave. « Ce film, ça il peut le dire, le désherbe tout entier ! » Il l'épluche comme on dépiaute un crabe. Paul est le passager de ce monde et le passeur d'un monde à l'autre. La terre et Dieu sont liés : il sert son église, il porte sa croix comme il porte et respecte sa terre. Aujourd'hui, il ne sonne plus le glas avec une corde. Tout est électrique, plus les choses sont simples plus elles disparaissent. Lors de la mort du pape Jean-Paul II, on ne lui a pas demandé de faire sonner les cloches pour annoncer son décès. Cela lui a fait quelque chose de ne pas lui rendre hommage à l'ancienne. D'autant que Paul est l'un des parrains d'une des cloches de son village. En 1970, quelques villageois sont allés les voir couler à Villedieu-les-Poêles : ils ont assisté à leur naissance, tous les parrains et marraines sont venus ce jour-là. La cloche menaçant de se décrocher a été remplacée par les deux cloches actuelles, grâce aux dons des paroissiens. À cette occasion, les donateurs ont reçu une petite clochette de cuivre. Les deux cloches ont été bénies par monseigneur Wicquart, évêque, l'abbé Bestille et l'abbé Dorey. Elles sont gravées aux prénoms féminisés de leurs parrains et marraines. Pour la plus lourde (80 kilos) : Marie Lavenu, Auguste Digard, Suzanne Pilastre, Paul Bedel à savoir Marie, Augustine, Suzanne, Paule. Et pour la plus petite (60 kilos) : Jean Anquetil, Martine Huet, Pierre Jean, Bonne Lecouvey à savoir Jeanne, Martine, Pierrette, Bonne.

Son nom est inscrit à jamais sur une cloche d'airain en attendant ses ténèbres d'or.

Depuis le film, il reçoit beaucoup de visiteurs qu'il invite à signer son livre d'or, un cahier d'écolier. Il reçoit également beaucoup de courrier. Les adresses sont parfois farfelues : « Paul dans sa vie, la Hague », « Paul au cinéma, la Hague ». Une femme lui a offert un bidon décoré, une autre une médaille de sainte Thérèse, et d'autres cadeaux viennent s'ajouter à son bonheur de recevoir tant de gratitude. Modeste, il a enfin découvert un sens à sa vie, enfin devant tant d'engouement il suppose « qu'il avait peut-être un message à faire passer ». Rien n'a changé depuis des siècles dans sa façon de faire, Paul restera toujours le même, un homme qui aime les rencontres et les gens et qui, sous couvert d'un tempérament apparemment loquace, cache une profondeur insondable. À la maison, ils vivent à trois, ses sœurs et lui, « ils ne font qu'un à trois », et gardent leur propre espace, leurs propres tâches dans un grand respect les uns des autres. La vie de Paul s'écoule le long d'un grand paradis. Le dimanche soir, ses deux sœurs, Françoise et Marie-Jeanne, jouent aux cartes ; il ne connaît pas le jeu pour lequel elles se passionnent. Il les regarde se distraire depuis dix ans au moins ! Avec la même satisfaction. Il bouquine dans son coin, il les laisse tranquilles. Il se dit qu'un jour, il leur demandera de lui apprendre les règles de ce jeu qui a l'air passionnant. En fait, la vérité, c'est qu'il en crève d'envie parfois. Mais il attend qu'elles lui proposent, alors il patiente, il respecte leurs moments à elles. Discret, par habitude et par nécessité, il regarde avant d'émettre des sons, il donne du temps au temps, il se donne du temps, le temps pour lui domine toute richesse.

Paul a définitivement fermé les barrières de ses champs, il accueille ses visiteurs aujourd'hui et leur raconte sa vie, sans cinéma et sans trucage. Même s'il regrette vraiment d'avoir laissé sur la table, dans une des scènes du film, le vilain pot de mayonnaise d'usine en plein écran !

Le petit frangin a monté pour le film sa girouette construite pour l'arrêt définitif de l'exploitation, elle lui indique le sens du vent et le temps s'écoule. En forme de vache, comme toutes les vaches elle a le « cul » au vent, elles ne se mettent jamais le nez au vent dans les champs. Il l'a taillée lui-même dans la tôle de la vieille botteleuse d'Édouard, presque entièrement démontée aujourd'hui, et le pivot sur laquelle est montée la vache, c'est un pivot de chasse d'eau ! C'est tout vous dire ; en se répétant, Paul vraiment est tout de bricole ! Mais s'il avait taillé une mouette en guise de girouette alors il n'aurait pas oublié de lui mettre le bec au vent en la montant sur le toit ! Aujourd'hui quand il regarde sa girouette, s'il y a une mouette sur le toit, bien fière, elle pointe son nez au vent et la vache nous montre ses fesses, joli tableau ! Et cela amuse Paul ; quand on lui demande pourquoi il a mis sa vache à l'envers, il nous répond :

– C'est toi qu'est à l'envers ma petiote ! et il éclate de rire. Paul est moqueur et c'est merveilleux parce qu'ici les vieux sont plutôt des taiseux. Apprendre de lui les choses c'est comme de recevoir un savoir-faire d'un grand-père amusant et rieur, pétillant et sage tout à la fois. La rencontre avec Paul m'a transformée, m'a rendue plus douce et plus sereine, en un mot il m'a émerveillée et je pense, oui je pense que sur certains sujets, sans le vouloir, il m'a remise à l'endroit de mon envers.

LETTRE

C'est le matin. Le matin du monde ressemble à tous les autres matins, et il chante une vie, une foi et des pas dans des pas du père, d'un père et de Dieu. De l'enfance en principe on ne garde aucun souvenir, mais Paul se souvient, il a inscrit dans son âme les choses et les gens, sans en comprendre la finalité. Il s'est déshabillé des apparences et des richesses artificielles. Il n'était pas riche, il ne s'est pas enrichi « en devenant pour certains, adorables moqueurs, la star qui fait son beurre » il n'avait peut-être pas le choix, qui sait ? Qui sait si à l'aube tendre d'une existence, l'un a mieux fait que l'autre ? L'un d'entre nous est plus riche qu'un autre ? Richesse humaine, richesse matérielle.

Jeune, sa maladie l'a tenu éveillé dans un état de presque mort, elle fut sa faiblesse et sa force. Ce temps malade où le temps est infini et dans lequel on ne peut rien faire, rien si ce n'est attendre. Ce temps où les microbes prennent le dessus de nous et nous font disparaître ; ce temps où tout est là, les bruits et les gens aimés, mais que l'on n'existe plus pendant un instant ou pour toujours. On choisit sa vie, on ne choisit pas sa mort.

Si Paul avait eu un enfant, fille ou garçon, il l'aurait amené aux batteries avec lui, chanter son credo de paysan, à pleins poumons, même s'il chante faux. Il aurait repris la faucille pour lui ou elle dans ses champs du pardon. Il lui aurait parlé avec douceur et communion en levant les yeux vers lui. Si l'enfant était né, avec toute cette bonté que l'on voit dans les yeux des nouveau-nés, il lui aurait appris à semer en martelant les grains dans ses bottes. Cet enfant aurait marché à la suite de son père en harmonie. Il n'est pas né et Paul ne regrette rien, rien de sa non-naissance. « Il réécrirait sa vie tout pareil si c'était à refaire », il aurait entassé dans son grenier à mémoire tous ses souvenirs écrits dans ses carnets par bribes, quelques lignes, quelques mots par jour. Paul cultive en lui un vieil homme sans regret, les regrets ne servent à rien selon sa pensée, et mourir « propre », pense-t-il, c'est mourir sans regret aucun. L'important est avant tout d'avancer sans détruire, sans rien brusquer. Sa vie n'est pas du cinéma, rien n'est truqué, ni l'amour pour son père, ni l'amour pour sa mère, ni l'amour porté aux siens. Devenu non pas acteur mais agriculteur, il a appris très tôt qu'en pleine nature, dans les moments de cafard et de doute, regarder une simple fleur sauvage peut nous maintenir en vie. Son destin, comme les mouettes, « c'est pas de la mécanique », l'herbe se redressera toujours après avoir été couchée par ses pas et de cette certitude s'agrandit son sourire.

Depuis l'arrêt de leur exploitation, Paul « est au régime pain sec », ses sœurs achètent au marché de Beaumont du « beurre et de la crème comme eux », pour eux trois. Toutefois, Paul ne tartine plus son pain, il lui faudrait selon lui un quart de livre par jour de beurre alors il préfère le laisser à ses « frangines ». Par parcimonie il ne le nie pas, parcimonie ne veut pas dire avarice, la parcimonie est une habitude générée par la peur de manquer lorsque l'on a connu la guerre. Maintenant nous avons appris bien des choses sur Paul, il aimerait nous en révéler une dernière sur le vrai ciel qui est étonnamment vide. Nous perdrons tout, tout du matériel, sauf notre foi et notre bonté, c'est à nous de remplir notre vie de la meilleure des façons qui soit. Ne rêvons pas du passé en le lisant, il faut toujours avancer vers le présent. Un jour, selon Paul, lorsque les hommes se seront fait beaucoup de tort et auront suffisamment pressuré les richesses de la terre sans lui donner de soins, les couseuses comme tante Fernande reviendront. Paul sait car elles patientent, attendent leur tour pour installer leur bon sens de nouveau et à jamais dans le cœur des enfants.

Malgré la retraite, la terre gratte toujours à la porte de « Paul et ses sœurs », quelques champs ont été gardés pour le plaisir du métier et pour nourrir encore les volailles. Parfois, nous reculons, comme si nous marchions à chaque pas sur une vipère avec effroi, la vie semble nous menacer et pourtant un homme Paul avance sans crainte vers l'endroit où nous allons tous, vers « la dernière saison, la dernière raison » selon son expression. Lorsque d'un morceau de ciel une vitre éclate, et qu'une étoile se perd sur la terre. Dehors, à Auderville, le vieux puits ne tend pas ses bras aux ténèbres, chaque jour il est encore activé et on entend son couinement soulagé. Ici, dans la Hague les allées célestes plantées de grands ormes ne reviendront pas, mais les poteaux qui les ont remplacées pour faire passer l'électricité fredonnent sous le vent à l'entrée des champs de Paul. Des barrières, aux aurores, longtemps ont été façonnées de ses mains et de sa force. Paul a récupéré leur bois et elles protègent désormais ses terres. Les années passées ne reviendront pas mais, les années de Paul continueront à n'accepter « qu'un malheur à la fois ». Puisque certains personnages sont éternels bien avant de rejoindre leur éternité, c'est à moi de vous écrire de sa part en patois évidemment : « à tantôt ! », littéralement à très bientôt, son au revoir !

TABLE

CET OUVRAGE
A ÉTÉ TRANSCODÉ
SUR ROTO-PAGE
ET ACHEVÉ D'IMPRIMER
PAR L'IMPRIMERIE FLOCH À MAYENNE
EN OCTOBRE 2007

I.S.B.N. 978-2-7373-4443-5
N° d'édition : 5626-01-20-11-07
N° d'impression : 69157
Dépôt légal : novembre 2007
Imprimé en France